R. 2991.
+8.

21943

OUVRAGES

SUR

DIVERS SUJETS

Par M. l'Abbé de SAINT PIERRE, *de l'Academie Françoise.*

PROJET
POUR PERFECTIONNER
L'EDUCATION.

Avec un discours sur la grandeur & la sainteté des hommes.

Par M. l'Abbé de SAINT PIERRE.

A PARIS,

Chez BRISSON ruë Saint Jacques.

M. DCC. XVIII.

Avec Approbation & Privilege du Roy.

PREFACE.

UN des moyens les plus éficaces pour augmenter le bonheur des hommes, c'est de leur faire prendre insensiblement dans l'Enfance & dans la Jeunesse, les habitudes, qui sont les plus propres à leur faire éviter les maux que cauzent les injustices reciproques, & à leur procurer les biens qui naissent naturellement d'une bienfaizance naturelle, c'est à cet uzaje, que sont déstinées les neuf ou dix anées d'Education, qu'ils passent ordinairement dans les Coleges publiqs.

C'est pour cela que j'ai toûjours regardé l'Education de la Jeunesse, non seulement comme une partie principale du bon gouvernement, mais encore

PREFACE.

comme la bâze de la crainte & de l'esperance religieuze qui doivent dominer dans notre conduite; c'est pour cela, que j'ai ramassé depuis plusieurs anées, les veües les plus propres pour perfectionner tous les jours cette importante partie de la police humaine.

En général les hommes ressemblent un peu à 27. ou 28. ans â ce qu'ils ont été à 17. ou 18. ans. Au sortir du Colege, ils ressemblent vieux à ce qu'ils ont été à 28. ou 30. ans, les objets, les afaires, les situations de fortune changent, mais les habitudes subsistent, il est vrai, que de dix en dix ans nous aquerons quelquefois de nouvelles habitudes, bonnes ou mauvaizes, mais déz que l'âge, dans lequel les passions sont plus vives, & les illuzions plus grandes, est passé; les habitudes raizonables, les ma-

PREFACE.

ximes de prudence, que l'on a prizes durant ces premiers dix ans d'exercices, reprenent a la fin afféz ordinairement les deſſus dans les motifs de nos actions, & commencent à regler notre conduite, ſoit pour notre propre bonheur, ſoit pour notre propre malheur, ſoit pour le bonheur, ſoit pour le malheur de ceux avec qui nous avons à vivre.

Ainſi il eſt de la derniere importance tant pour les particuliers jeunes, que pour leurs Concitoyens futurs, c'eſt-à-dire pour l'Etat avenir, que la Jeuneſſe prene durant ces dix anées d'Education de fortes habitudes à la prudence & à la raizon, pour choizir ce qui peut le plus contribuer à éviter les maux, & à augmenter leurs biens, & par conſequent, il eſt abſolument néceſſaire, que les Ecoliers prenent une habitude la plus forte qu'il

ã iij

PREFACE.

fera possible, pour l'observation de la justice, pour la pratique de la bienfaizance, pour la pratique de la patience & du pardon dans les injures, qui est la principale partie de la bienfaizance, & que l'esprit aquiere l'habitude à l'aplication, qui est l'unique source de tous les grans talens propres à augmenter considerablement notre bonheur & le bonheur des autres.

Si l'on veut conoître avec seureté quelles regles sont les plus importantes à pratiquer & à faire pratiquer dans les Coleges, il est absolument nécéssaire, que ceux qui les dirigent, aient toûjours devant les yeux, le but qu'ils doivent se proposer dans l'Education de la Jeunesse, & les moyens généraux les plus propres pour ariver à ce but.

Il est même nécéssaire, que les Directeurs de ces Coleges

PRÉFACE.

conoiffent le degré d'eficacité & de facilité de chacun de ces moyens généraux, afin qu'ils donent dans le cours de l'Education, plus de tems & plus d'atention à les employer pour faire aquerir aux Ecoliers à force de répetitions diferentes, les habitudes qui leur font les plus importantes, qu'à les employer pour leur faire aquerir des habitudes ou des conoiffances incomparablement moins importantes, ce qui eft le principal défaut de notre Education préfente.

J'expoferai donc dans la premiere partie, le but général de l'éducation, qui eft de rendre l'enfant plus prudent, & par conféquent plus moderé, plus retenu, plus temperant, acoutumé à déliberer, 2°. de le rendre plus jufte, 3°. de le rendre plus bienfaizant, & par conféquent plus patient dans les injures, 4°. de le

PRÉFACE.

rendre plus circonspect dans ses jugemens, plus atentif à raizoner juste, 5°. de le rendre plus apliqué à cultiver sa mémoire, & à la remplir des faits & des maximes les plus utiles dans la societé: j'y examinerai donq ces cinq moyens généraux.

Je ferai dans la seconde partie plusieurs observations sur les moïens particuliers les plus comodes & les plus éficaces pour mètre en euvre ces moïens généraux, & pour faire aquerir aux enfans, au plus haut degré, les cinq habitudes les plus importantes.

Dans la troisiéme, je donerai par les réponses aux objections, les éclaircissemens les plus necessaires au sujet.

Rendre les hommes beaucoup plus vertueux & beaucoup plus hureux qu'ils ne sont, en perfectionant de beaucoup, l'éducation

PRE´FACE.

de la jeuneſſe dans tous les Etats Crétiens eſt un très grand objet, & comme c'eſt aux Filoſofes Crétiens à trouver par la méditation & à démontrer dans leurs écrits, les veües les plus convenables, & les moyens les plus ſimples & les plus éficaces pour y réuſſir, c'eſt à ceux qui ont part au gouvernement des Etats à les examiner, & s'ils ſe trouvent raizonables à les faire éxecuter, ſoit prontement, ſoit peu à peu, ſelon les conionctures qui ſeront plus ou moins favorables.

AVERTISSEMENT.

1°. JE me fers dans cet ouvrage du mot bienfaizance que je croi ou nouveau, ou renouvelé, & je m'en fers par les raizons que j'ai expliquées dans un difcours pour perfectioner les Langues, où je démoutre, qu'il eft à dezirer dans toutes les Langues, qu'il s'y forme des mots nouveaux quand ils font neceffaires, ou pour abrejer le langage, ou pour fignifier certaines diferences entre nos idées, ou certaines diferences entre nos fentimens que d'autres mots n'expriment pas ni avec la même breveté, ni avec la même clarté, ni avec la même précizion. Nous n'avons point dans notre Langue d'autre mot qui exprime préci-

AVERTISSEMENT.

zement *l'action du bienfaizant*, *l'action de faire du bien, de faire plaizir, de procurer des avantages aux autres hommes.*

Il est vrai que nous avons les mots *amour ou charité envers le prochain*, mais 1°. ce sont quatre mots pour un, 2°. le mot *prochain* peut avoir une signification trop restrainte, 3°. ces mots signifient bien le principe de l'action, mais non pas l'action même, 4°. quiconque voudra substituer dans cet ouvraje les quatre mots *charité envers le prochain* au mot *bienfaizant* sentira souvent qu'ils n'expriment point précizément la même idée que *bienfaizance*, charité est équivoque, sur tout entre les Teologiens, 5°. le mot amour est encore plus équivoque.

Or pour éviter ces équivoques & pour se faire entendre précizément & clairement, il a falu se

AVERTISSEMENT.

servir d'un mot que l'uzáje n'eut point encore rendu équivoque, & voilà le cas de la nécessité d'uzer d'un mot nouveau, sur tout quand il est facile d'en deviner la signification, & qu'il est dans l'analogie de la Langue; or on m'avoüera que l'on devine aussi facilement la signification de bienfaizance, que l'on devine que la signification du mot *médizance*, est l'action du médizant : on sent que *médizance* n'est pas plus dans l'analogie de la Langue que *bienfaizance*,

TABLE DES CHAPITRES.

PREMIERE PARTIE.

Chapitre I. *le but de la bonne éducation en general eſt de rendre le bonheur de l'Ecolier, de ſes parens, & des autres Citoyens beaucoup plus grand qu'il ne ſeroit ſans une pareille éducation.* page, 1.

Chapitre II. *Moyens pour procurer la bonne éducation, moyen general, habitude à la prudence Crétienne,* p. 9.

Chapitre III. *Second moyen, habitude à la Juſtice,* p. 18.

Chapitre IV. *Troiſiéme moyen, habitude à la bienfaiſance,* p. 19.

TABLE

Chapitre V. *Quatriéme moyen, habitude au discernement de la verité*, p. 20.

Chapitre VI. *Cinquiéme moyen, memoire exercée utilement, ou habitude à retenir des faits, des maximes, & des démonstrations dont la connoissance est importante à ce bonheur*, p. 22.

Chapitre VII. *Observations generales sur les quatre principales habitudes*, p. 24.

Chapitre VIII. *Explication du premier moyen general, habitude à la prudence Crétienne.* p. 28.

Chapitre IX. *Explication du second moyen, habitude à la justice Crétienne*, p. 46.

Chapitre X. *Explication du troisiéme moyen, habitude de la bienfaisance Crétienne*, p. 51.

Chapitre XI. *Explication du quatriéme moyen, habitude au discernement de la verité*, p. 61.

Chapitre XII. *Explication du cin-*

DES CHAPITRES.

quiéme moyen, habitude de la memoire pour retenir les faits, les démonstrations des arts & des sciences, p. 65.
Chapitre XIII. *Education domestique*, p. 71.
Chapitre XIV. *Education des filles dans les Colleges, comme Saint Cyr, ou dans les Monasteres*, p. 82.
Chapitre XV. *Conclusion de la premiere Partie*, p. 86.

SECONDE PARTIE.

Observations. *Moyens generales & de pratique. Observation I.. Necessité d'un bureau pour l'éducation*, p. 88.
Observation II. *repetitions journalieres pour faciliter les cinq habitudes*, p. 90.
Observation III. *Répetition des motifs*, p. 95.

TABLE

Observation IV. *Il ne faut pas trop d'Ecoliers pour un Regent.* p. 97.

Observation V. *Amour pour la distinction précieuse* p. 98.

Observation VI. *Diriger la curiosité vers la plus grande utilité.* p. 106.

Observation VII. *Différence des punitions & des récompenses.* p. 107.

Observation VIII. *Les Minucies en grand nombre & nécéssaires pour arriver à un but important deviennent elles mêmes importantes.* p. 111.

Observation IX. *Emulation entre Coleges.* p. 114.

Observation X. *Même Regent pour la même classe.* p. 114.

Observation XI. *Diversité dans les Sujets à enseigner.* p. 116.

Observation XII. *Arts différens dans les Coleges.* p. 117.

Observation XIII. *Partager les exercices des classes.* p. 118.

DES CHAPITRES.

Obſervation XIV. *Sujets pour les Exercices journaliers ſur les quatre premieres habitudes.* p. 119.

Obſervation XV. *Sujets pour les Exercices journaliers ſur la cinquiéme habitude.* p. 127.

Suite des Exercices journaliers, ſur la cinquiéme habitude, Langues, Arts, Siences. p. 128.

Obſervation XVI. *Nul jour de conjé, nule vacance pour les Ecoliers, mais ſeulement pour les Regens.* p. 131.

Obſervation XVII. *Sur les Langues.* p. 134.

Obſervation XVIII. *Vies des Grans Homes, des Grans Saints* p. 139.

Obſervation XIX. *vrai & faux ridicule, dégrez de ridicules.* p. 143.

Obſervation XX, *Tablature, inſtruction & livres claſſiques.* p. 143

TABLE

Observation XXI. *Renvoi à la classe inferieure.* p. 145.

Observation XXII. *Pratique des vertus religieuses.* p. 147.

Observation XXIII. *Coleges complets.* p. 154.

Observation XXIV. *Formation d'un Colege.* p. 156.

Observation XXV. *Acoutumer les Ecoliers à juger les coupables.* p. 159.

Observation XXVI. *Préservatif contre les illusions & contre les maximes contagieuses du monde corrompu.* p. 160.

Observation XXVII. *Sur l'atention que l'on doit avoir pour les enfans avant qu'ils entrent au Colege.* p. 162.

Mettre en œuvre le désir des loüanges. p. 164.

Mettre en œuvre la crainte de la honte. p. 166.

Mettre en œuvre le plaisir d'entendre conter des histoires, dans les-

DES CHAPITRES.

quelles ils se plaisent à être agitez de la crainte, & de l'esperance. p. 167.

Observation XXVIII. *Domestiques du Colege.* p. 170.

Observation XXIX. *Regens non assujetis au Breviaire.* p. 171.

Observation XXX. *Sur le projet.* p. 173.

Observation XXXI *Romans vertueux.* p. 181.

Observation XXXII. *Habit uniforme.* p. 184.

Observation XXXIII. *Trois considerations propres pour inspirer la pratique de la patience & de l'indulgence.* p. 186.

Observation XXXIV. *Occupation au sortir du Colege.* p. 191.

TROISIEME PARTIE.
OBJECTIONS.

Objection I. p. 196.
Réponse, p. 198.

TABLE

Objection II. p. 200.
Réponse. p. 200.
Objection III. p. 201.
Réponse. p. 202.
Objection IV. p. 202.
Réponse. p. 203.
Objection V. p. 204.
Réponse. p. 204.
Objection VI. p. 205.
Réponse. p. 206.
Objection VII. p. 207.
Réponse. p. 207.
Objection VIII. p. 208.
Réponse. p. 209.
Objection IX. p. 210.
Réponse. p. 210.
Objection X. p. 213.
Réponse p. 214.
Objection XI. p. 215.
Réponse. p. 216.
Objection XII. p. 219.
Réponse. p. 220.
Objection XIII. p. 223.
Réponse. p. 223.
Objection XIV. p. 224.
Réponse. p. 225.

DES CHAPITRES.

Objection XV. p. 225.
Réponse. p. 225.
Objection XVI. p. 227.
Réponse. p. 230.
Objection XVII. p. 239.
Réponse, p. 239.
Objection XVIII. p. 241.
Réponse, p. 242.
Objection XIX. p. 243.
Réponse, p. 243.
Objection XX. p. 244.
Réponse, p. 245.
Objection XXI. p. 246.
Réponse, p. 246.
Objection XXII. p. 248.
Réponse, p. 248.
Objection XXIII. p. 250.
Réponse, p. 250.
Objection XXIV. p. 253.
Réponse, p. 254.
Objection XXV. 256.
Réponse, p. 256.
Objection XXVI. p. 258.
Réponse, p. 258.
Objection XXVII. p. 259.
Réponse, p. 260.

TABLE

Objection XXVIII. p. 262.
Réponse, p. 263.
Objection XXIX. p. 266.
Réponse, p. 266.
Objection XXX. p. 267.
Réponse, p. 268.
Discours sur la grandeur & la sainteté des hommes, p. 269.
Difference qui est entre l'homme illustre & le grand homme, p. 269.
Epaminondas, Alexandre, Solon; p. 271.
Sipion, Cesar, Silla, Caton, p. 274.
Descartes, p. 282.
Petits motifs unis aux grans talens, p. 285.
Henri IV. p. 293.
Charles V. p. 296.
Grandes places, grandes qualitez, p. 298.
Difference entre grand homme & grand Sainaint, p. 303.
Difference de grandeur entre les Saints, p. 309.
Conclusion, p. 312.

PROJET
POUR PERFECTIONER
L'EDUCATION

✤✤✤✤✤✤✤✤✤✤✤✤✤✤✤✤✤✤✤

PREMIERE PARTIE,
CHAPITRE I.
BUT DE L'EDUCATION.

Le But de la bone Education en general est de rendre le bonheur de l'Ecolier, de ses Parens & des autres Citoyens beaucoup plus grand, qu'il ne seroit sans une pareille Education.

Explication de cette Definition.

I.

INutilement on chercheroit un autre but dans l'Education des hommes, que l'augmentation de leurs biens & la diminution de leurs maux; ils sont portés dés leur naissan-

A

ce incessament & comme invinciblement vers ce but, c'est-à-dire qu'ils sont portés par leur nature à chercher le plaisir, & à éviter la douleur, & par conséquent, vers les objets qu'ils croient devoir leur procurer du plaisir, & les exemter de la douleur; or comme il n'est pas possible de changer la nature des hommes, il ne s'agit, que de bien diriger ce penchant invincible en diminuant leurs erreurs sur ce qu'ils prenent pour des biens & pour des maux, & particuliérement leurs illusions, sur ce qu'ils prenent pour des maux futurs les uns plus grans & plus durables, les autres moins grans & moins durables, qu'ils ne sont en effet.

Leur penchant naturel vers le bonheur, vers le plaisir en general est bon; leur aversion naturéle pour la douleur, pour le malheur en general est raisonable.

Mais comme ils se trompent souvent dans les jugemens qu'ils font sur la vraye valeur des objets par raport à leur bonheur réel, on peut facilement dès leur enfance rectifier leurs jugemens avec le secours de leurs reflexions sur leurs propres sentimens, lorsque ces

pour perfectionner l'Education.

fentimens & ces reflexions font fouvent répetées.

Je fai bien, que l'Écolier ignore dans fon enfance que l'augmentation de fon bonheur dépende pour la plus grande partie de l'atention, qu'il aura à diminuer les maux & a augmenter les biens de ceux avec qui il vivra par l'obfervation de la juftice, envers les uns & par la pratique de la bienfaizance envers les autres; mais c'eft à cette ignorance, que la bone Education fuplée & doit fupléer par les bones habitudes, que fes maitres lui doneront.

II.

Augmenter le bonheur de l'Écolier c'eft augmenter le nombre, & la grandeur de fes biens, & diminuer le nombre, & la grandeur de fes maux, non feulement par raport a la vie préfente, mais encore par raport a la vie future, pour laquelle il s'agit d'aquerir en cette premiere viele plus de feureté qu'il eft poffible, d'éviter une feconde vie très malheureufe; & d'en obtenir une trèz-heureufe; voila ce qui regarde le bonheur perfonel de l'Ecolier.

III.

A L'égard de l'augmentation du bonheur des parens & des autres Citoiens, qui peut venir des bones habitudes, que l'Enfant peut prendre dans le Colege, cela ne regarde ordinairement que le bonheur de leur vie prefente, mais par la grande bonté du Créateur, il arive que les habitudes à l'obfervation de la Juftice, & à la pratique de la bienfaizance le tout dans la crainte de déplaire à l'être fouverainement jufte, & dans le defir de plaire à l'être fouverainement bienfaizant, font en même tems les meilleurs moiens de contribuer à l'augmentation du bonheur des parens, & des Citoiens, & les moiens les plus propres pour affurer à l'Enfant même la premiere vie beaucoup plus tranquile & plus heureufe, & la feconde vie remplie de delices d'une durée infinie.

Cette verité, qu'il y a une feconde vie pour punir les injuftes, & pour récompenfer les bienfaizans, doit mètre une diference prefque totale dans toute la conduite des hommes ; & par conſequent dans leur éducation ; de la il ſuit néceſſairement que dans leur premiere jeuneſſe, & dans le reſte de leur premiere vie, ils n'ont rien de plus important & de plus preſſé à faire que d'aquerir des habitudes aux Euvres les plus vertueuzes, pour s'aſſurer de plus en plus la beatitude de la ſeconde vie.

C'eſt particulierement depuis la publication de l'Evangile que cette verité s'eſt repandüe, mais la raizon humaine, qui la démontre à quelques hommes d'un éſprit cultivé & ſuperieur, n'étant pas encore aſſez eclairée dans notre ſiecle pour le commun des autres hommes, & ſur tout dans les enfans pour leur faire ſentir cette ſublime verité, comme *démonſtration*, ils peuvent avec le ſecours de la foi ſuccer cette verité comme on dit avec le laict en atendant qu'ils puiſſent la voir avec evidance, comme bien démontrée avec le progrez des raizonemens concluans, c'eſt-à-dire avec le ſecours de la raizon fortifiée & perfectionée.

Quintilien celebre Romain, qui nous a laiſſé des obſervations ſi raizonables ſur l'Education des Enfans, n'avoit point encore decouvert, que ce qu'il y avoit de plus important dans l'Education des Enfans etoit de leur aprendre à être juſtes & bienfaizans pour plaire à Dieu, & pour en obtenir la vie éternelle ; il ne connoiſſoit point cette verité des deux vies, ou du moins il ecrivoit comme s'il ne l'eut point coniie; la raizon humaine n'étoit pas encore aſſez eclairée de ſon tems pour la lui faire apercevoir, ainſi il n'eſt pas étonant, qu'il n'en ait pas tiré pour l'Education des Enfans toutes les conſequences importantes, que nous en devons tirer, nous, dont la raizon eſt deveniie, depuis ce tems-là beaucoup plus éclairée, témoin les nouvelles démonſtrations de l'Exiſtence de Dieu, & de ſes perfections; témoins les demonſtrations de l'immortalité de l'ame, & de *l'indeſtructibilité* de la matiere, démonſtrations qui comencent à devenir communes à ceux qui font uzajé de leur raizonement, & que l'on peut faire ſentir peu à peu, & très fortement aux jeunes Etudians, ſi l'on s'y prend de bone heure; & lorſqu'ils comencent a diſtinguer les raizonemens ſolides & concluans des raizonemens frivoles & inconſèquens.

pour perfectionner l'Education.

Les hommes senséz, qui ont un peu medité sur cette matiere, en viennent bientot au poinct d'évidence, qu'il leur paroit impossible que le monde puisse exister, s'il n'existe en même tems une intelligence infiniment puissante, infiniment sage, infiniment bienfaizante, infiniment juste il leur paroit impossible, que cet être existe si juste, & si bienfaizant, s'il n'a destiné une vie malheureuse à certains hommes, qui étant néz avec une ame inmortelle devienent heureux dans cette vie par leurs séleratèsses, par leurs mechancetéz, & par leurs autres injustices, & s'il n'a destiné une vie très heureuse aux gens de bien néz inmortels, qui souffrent en cette vie, & souvent pour la verité, pour la justice & pour la bienfaizance même.

IV.

MAis il faut avoüer, que ces deux veritéz sur l'Enfer & sur le Paradis n'ont été bien dévelopées que depuis le Christianisme; qu'avant ce tems-là les opinions des Grecs & des Romains sur les Enfers, & sur les Chams

A iiij

Elizées, n'étoient que des opinions foibles & chancelantes, qui n'influoient presque point dans la conduite de leur premiere vie, & que les hommes du commun n'ont proprement comencé à en tirer un grand nombre de conséquences très raizonables pour la conduite de la vie presente, & pour imiter les perfections divines par l'observation de la Justice, & par la pratique de la bienfaizance, que depuis l'Incarnation du fils de Dieu, & la publication de son Evangile.

V.

Nos loix civiles ne sont pas encore arivées au poinct de faire toujours punir sufizanment tous ceux qui comètent des injustices, & de faire toujours recompenser sufizanment toutes les bones actions dèz cette vie, mais heureuzement le Christianisme est venu supléer au defaut des loix humaines, & nous a fait sentir qu'il étoit impossible, que Dieu juste, comme il est, laissât des crimes impunis & de bones actions sans recompense, & qu'ainsi il étoit impossible, qu'il ne preparât pas une seconde vie très malheureuze pour les injustes, & très heureuse pour ceux qui ont passé leur vie dans l'observation de la justice, & dans la pratique de la bienfaizance. Or il est certain, que la crainte de la punition & l'esperance de la recompense éternelle sont deux nouveaux ressorts très forts, deux puissans mobiles pour porter les hommes à éviter les vices, & à pratiquer les vertus, particulierement si ces habitudes de crainte & d'esperance, qui sont les principales bazes de toute Religion, sont continuellement fortifiées dez la premiere Jeunesse par des exercices journaliers, durant tout le cours d'une longue Education.

CHAPITRE II.

Moiens pour procurer la bone Education;

MOIEN GENERAL,

Habitude à la Prudence Crétiene.

LE tems de l'Education est proprement le tems de la vie destiné à depoüiller les enfans de leurs mauvaizes habitudes & à leur en faire aquerir de bones ; or l'aquifition des bones détruit les mauvaizes.

Les habitudes, les coutumes c'eft ce que les Latins apeloient *Mores*, les mœurs, & il eft de la derniere importance pour le bonheur de l'Enfant, & de ceux avec qui il doit vivre de lui doner dans fon enfance de bones mœurs, de bones habitudes ; or les bones font celles, qui ne nuizent à perfone, & qui font plaifir aux autres, *Abftine à malo & fac bonum.*

A force de voir tantot par notre experience, tantot par l'experience des autres, tantot par nos reflexions, tantot par nos lectures, à force de voir les grands maux futurs atachés à l'injuftice, il fe forme en nous une habitude de fentiment de crainte falutaire, qui nous done une averfion habituelle, pour tout ce qui fent l'injuftice.

Enfuite cette averfion habituelle nous done un difcernement fin pour reconoitre, & pour fentir en toute ocazion les plus petites & les plus delicates injuftices, & c'eft ainfi, que le cœur augmente la penetration de l'efprit, en lui donant une plus forte aplication fur certains objets, après que l'esprit a comencé à ébranler le cœur & à le mêtre en mouvement par de simples reflexions.

Mais sans une longue habitude à se representer les motifs de crainte, sans l'habitude à reconoitre les plus petites injustices, l'illuzion des passions & de notre amour propre mal entendu, & la force des mauvais exemples l'emporteront toujours sur les lumieres de la raizon, notre esprit s'ocupera a justifier nos injustices, & c'est ainsi que le cœur seduit l'esprit quand il n'est pas soutenu par une longue & anciene habitude d'une crainte salutaire, qui rapelle à son secours de puissans motifs capables de surmonter la force d'une passion naissante.

Nos entreprises & presque toutes nos actions sont des effets de nos habitudes & elles sont bones ou mauvaizes, à proportion que nos habitudes sont bones ou mauvaizes ; presque tout est habitude en nous, nos prejugèz sont forts, nos opinions, nos maximes nous paroissent certaines à proportion, qu'elles ont été soutenües, & depuis lontems repetées ; notre memoire elle même n'est forte & exacte, qu'à proportion de la grande repetition, que nous faizons ou des faits, ou des raizonemens que nous retenons.

C'est avec le secours de l'habitude, que nous aprenons les arts, les sciences, les langues; & si l'on ne m'avoit souvent & lontems fait repeter & fait pratiquer les regles de la Grammaire latine, je les aurois oubliez bientot après les avoir conües.

On ne peut pas dire, que ce ne soit une bonne habitude qu'une grande connoissance de la langue latine; mais si pour avoir cette grande conoissance, il est necessaire d'y emploier un tems, qui seroit incomparablement mieux emploié à aquerir une grande habitude à l'observation de la Justice, ceux, qui président a l'Education font un très mauvais choix d'employer dix fois trop de tems à nous rendre savans dans la langue latine, & d'en employer dix fois trop peu à nous doner une grande habitude à la justice.

Pourquoi nous, qui avons étudié la langue latine, sommes nous presque seurs qu'en parlant ou en écrivant nous ne pecherons, presque jamais contre une des regles de Grammaire latine; *le verbe actif doit gouverner l'acusatif?* C'est que durant huit ou neuf ans d'Education dans le Colege nous avons vû cette regle observée dans nos écrits, dans les écrits des autres, en lizant nous mêmes, en parlant, en écoutant parler les autres, & cela tous les jours dix fois, vint fois par jour, c'est que nous avons été punis, & que nous avons vû d'autres enfans punis pour ne l'avoir pas observée; nous l'observons presentement presque sans y penser; telle est la force d'une longue & frequente habitude, qui ne s'aquiert que par un nombre prodigieux de repetitions.

Quelle concluzion tirer de là, c'est que si l'on exerçoit les enfans tous les jours dix fois, vint fois par jour, à pratiquer la grande regle de morale, *Ne faites jamais contre un autre, de peur de déplaire à Dieu, ce que vous ne voudriez pas qu'il fît contre vous, suposé que vous fussiez à sa place, & qu'il fut a la vôtre.* Je dis qu'avec le secours de cet exercice frequent dans chaque journée durant huit ou neuf ans, en diférentes rencontres nous observerions le reste de notre vie dix fois, vint fois plus par jour, cette regle de morale que nous ne l'obfervons envers nos parens, envers nos enfans, envers nos domeftiques, envers nos voifins, & envers nos autres citoiens, tant dans nos actions, que dans nos paroles, & il ariveroit, que nous jugerions toujours fans heziter qu'il y a beaucoup plus à gagner à tout prendre foit pour la premiere vie foit pour la feconde à l'obferver qu'à ne la pas obferver.

On ne fe contente pas de nous repeter la regle de Grammaire, on nous la fait pratiquer tous les jours plufieurs fois; mais pour la regle de la juftice, on fe contente de nous la dire quelquefois.

D'où vient que nous fommes fi clairvoians, & fi en garde contre un folecifme au fortir du Colege, & que nous comètons tant de grandes & de petites injuftices, prefque fans nous en apercevoir, & fans fonger à les reparer ni à nous en coriger ? il eft facile de voir, que cela vient de notre mauvaize Education, parceque nos maitres ont trop doné de temps à former en nous des habitudes d'un très petit prix & trop peu de tems à former en nous des habitudes de la plus grande importance.

Entre les habitudes, que l'on doit aquerir dans le Colege il y en a une generale : & quatre particulieres, qui font comme les principales parties de l'habitude generale qui eſt la *prudence crétiene*.

L'Ecolier fera plus hureux à proportion qu'il aura aquis dans le Colege plus d'habitude à la prudence crétiéne ; or céte vertu confifte à examiner les biens & les maux, que peuvent produire telles ou telles actions telles paroles, telles ou telles entreprizes, telles ou telles omiſſions, tels ou tels talens, ce qui regarde non feulement les biens & les maus de la premiere, mais encore ceux de la feconde vie.

A proportion qu'il aura aquis plus d'habitude à confulter, à comparer, à balancer, à pezer, à examiner le *pour* & le *contre* des parts opozés, qui font à choizir avant que de rien rezoudre, avant que de decider, & de prendre aucun parti, il fera plus prudent ; or comencer à pratiquer l'*Examen*, la fufpenſion, la confultation avant toute decizion, c'eſt le comencement de la prudence.

Ainfi bien difcerner entre les biens & les maux, ceux qui font les plus grands, les plus durables, & qui doivent être les suites de telles ou telles actions, de telles ou telles entreprises, c'est le but de la prudence.

Elle acoutume à remarquer par des reflexions sur les Experiences faites sur nous, & sur les autres, qu'il y a de petits plaizirs, qui coutent trop cher par les grands maux, qui en sont inseparables.

Elle acoutume à remarquer par des reflexions soit sur nos propres Experiences soit sur les Experiences des autres, qu'il y a de petits maux, qu'il faut soufrir pour aquerir des biens incomparablement plus grands.

Elle acoutume à mezurer avec quelque exactitude les biens & les maux avenir & à conoitre les moiens d'aquerir les uns & d'eviter les autres.

Entre les plaisirs où l'homme est sensible, entre les biens qu'il peut aquerir on doit conter la distinction entre ses pareils, l'estime distinguée, la consideration distinguée; mais comme les qualitez, qui donent de la distinction sont plus ou moins utiles aux autres, plus ou moins vertueuzes, plus ou moins loüables, c'est à la prudence à faire discerner

cerner aux hommes les diſtinctions, qui ſont les plus precieuzes des moins precieuſes, c'eſt à elle à leur enſeigner de combien les unes ſont plus eſtimables que les autres.

La prudence eſt ce que l'on nome Sajeſſe, bon Eſprit, conoiſſance de ſon plus grand interèt, c'eſt de toutes les conoiſſances la plus importante. Les très prudens ſont très rares.

On eſt temperant, juſte, bienfaizant, apliqué, laborieux par prudence, ainſi la pratique de la temperance, ou la moderation dans les plaiſirs preſens pour n'en pas payer trop cher les excès eſt une partie de la prudence.

L'habitude à la prudence ſert à l'home par diverſes reflexions devenües familieres à diminuer les illuzions des paſſions, qui nous font paroitre certains biens & certains maux les uns beaucoup plus grans & plus longs, les autres, beaucoup plus petits & plus courts qu'ils ne ſont en effet, & ces erreurs & ces illuzions nous engagent par conſequent à choizir des partis très-imprudens, qui vont contre notre but, puiſqu'ils augmentent fort nos maux & diminuent fort nos biens.

B

CHAPITRE III.

SECOND MOIEN

Habitude a la Justice.

L'Ecolier sera plus hureux, lui, ses parens, & ses citoiens à proportion qu'il aura aquis plus d'habitude a juger que, l'observation de la justice est incomparablement plus avantageuze que la pratique de l'injustice; or qui ne voit que l'observation exacte & generale de la justice dans tous les citoiens est le fond du bonheur de toute societé dezirable.

Il y a deux motifs pour pratiquer cette première regle de l'équité, 1o. La crainte des punitions temporeles d'être meprizé, d'être hai, &c. 2o. La crainte de déplaire à Dieu,& des punitions éternélles, tous motifs de prudence propofés à l'home par la providence du Createur pour le détourner de l'injustice.

Ces motifs, ces ressorts de nos ac-

pour perfectionner l'Education. 19

tions se fortifieront par l'uzaje frequent & journalier que l'on en fera faire à l'Ecolier durant les anées de son Education, & par les peintures vives & frequentes des malheurs des injustes.

CHAPITRE IV.

Troisième Moien.

Habitude à la Bienfaizance.

Plus les enfans aquiereront au Colege d'habitude à pratiquer la bienfaizance, plus ils seront hureux le reste de leur vie, & ils seront plus propres à contribuer au bonheur de ceux avec qui ils auront à vivre, ce qui est le but de la bone Education, voici la regle : *Faites du bien aux autres, comme vous voudriez qu'ils vous en fissent suposé que vous fussiés à leur place, & qu'ils fussent à la vôtre.*

Il y a deux motifs pour pratiquer cette regle, 1o. Le dezir des recompenses temporelles d'être plus estimé, plus aimé, plus deziré que les autres

B ij

&c. 2º. Le desir de plaire à Dieu, & d'obtenir des recompenses immenses & éternelles, tous motifs de prudence, & de vrai interêt; ces motifs se fortifieront à proportion du nombre des actes repetés de bienfaizance, à proportion que ces bones actions seront loüées, & à proportion que les Regens peindront vivement & souvent aux Ecoliers les recompenses magnifiques de la seconde vie.

Les discours de politesse, les actions de liberalité, & sur tout de patience, & de pardon des injures sont les principales branches de la bienfaizance.

CHAPITRE V.

Quatrieme Moien,

Habitude au discernement de la Verité.

LE bonheur de l'Ecolier, de sa famille & de sa patrie augmentera à proportion qu'il aura aquis plus d'habitude à bien discerner la verité, ce

pour perfectionner l'Education. 21

qui peut se faire en quatre manieres;

1°. Habitude à discerner les realités des imaginations.

Le discernement poura s'aquerir par diferentes comparaizons des chozes existantes aux choses purement possibles ou imaginaires.

2°. Habitude à discerner dans les propositions la certitude qui vient de l'évidence de la certitude, qui vient de l'habitude à juger dèz l'enfance de la même maniere, & de l'exemple de ceux qui nous environent.

Ce discernement se facilitera 1°. par des comparaizons frequentes avec des principes ou propositions évidentes par elles mêmes ou du moins evidament & inseparablement liées avec d'autres propositions évidentes par elles mêmes. 2°. par montrer la force du prejugé de l'Education, & de l'exemple dans les fausses religions, qui donent de la certitude, & une grande certitude à des propositions, qui n'ont nule évidence, & dont l'erreur est même Evidente.

3°. Habitude à la justesse du raizonement, c'est-a-dire à juger surement, que la consequence est evidenment liée avec le principe.

Pour lui doner cette habitude, il faut lui faire souvent comparer les raisonemens faux & inconsequens avec des raizonemens dont la consequence est évidente.

4º. Habitude à discerner les diferens dégrés de vraisemblance dans les propositions qui ne sont pas susceptibles d'une entiere certitude.

Pour cet effet il faut de frequentes comparaizons entre proposition évidente & proposition obscure, entre mauvais raizonemens & demonstration, entre opinion plus & moins vraisemblable.

CHAPITRE VI.

Cinquieme Moien.

Memoire exercée utilement ou habitude à retenir des faits, des maximes, & des demonstrations dont la connoissance est importante au bonheur.

CEs Ecoliers augmenteront leur boncheur, celui de leurs parens, & de leurs autres Concitoiens à mezure que durant leur Education ils auront exercé plus utilement leur memoire & aquis par leur aplication & par des frequentes repetitions une conoissance durable & habituelle, c'est-à-dire une memoire exacte d'un plus grand nombre de faits importans, de propositions, de raizonemens & de maximes propres à leur faire aquerir un jour avec plus de facilité les *talens* nècéssaires pour mieux exercer leurs diferentes professions, soit dans les emplois publiqs, soit dans la vie privée pour augmenter leur propre felicité, & la felicité de leur famille & de leur patrie.

REFLEXION.

La justice, moyen plus important que la bienfaizance.

La bienfaizance, moyen plus important, que la justesse d'esprit.

Justesse d'esprit, moyen plus important que les talens d'une grande memoire utilement cultivée.

CHAPITRE VII

Obſervations generales

Sur les quatre principales Habitudes.

LA Juſtice & la Bienfaizance embraçent tout ce qui peut comencer à perfectioner le cœur ou les ſentimens ; la Juſteſſe de raizonement & la memoire embraſſent tout ce qui peut comencer à perfectioner l'Eſprit.

Nous entendons ici par le cœur de l'homme tout motif, tout ſentiment, tout reſſort qui le fait agir : il y en a quatre.

1º. Le ſentiment de plaiſir actuel ſoit corporel, ſoit ſpirituel, que l'on deſire de faire durer.

2º. Le ſentiment de douleur actuelle ſoit corporelle, ſoit ſpirituelle, que l'on dezire de faire ceſſer.

3º. Le dezir ou eſperance d'un plaiſir avenir que l'on veut obtenir ; eſperance, qui eſt elle même un plaiſir actuel.

4º.

4°. La crainte d'une douleur avenir que l'on veut éviter, qui est elle même un sentiment dèzagréable & une douleur actuelle.

Il faut observer, que la cessation subite de la grande douleur est un grand plaisir, & peut être le plus grand des plaisirs, il y a même des Filosofes, qui croient qu'il n'y a point d'autre plaisir positif, que celui qui vient d'une cessation de peine & de douleur, mais cela ne me paroit pas exactement vrai.

L'experience nous aprend, qu'il y a dans cette vie de grands maux avenir atachés à de petits plaisirs actuels, & de grans biens avenir atachez à de petits maux actuels, voilà ce que les enfans ne savent pas faute d'experience, voila les erreurs principales, dont il faut les garantir par des reflexions, qu'on leur fera faire pour augmenter leur prudence.

Il n'y a persone, qui ne sache d'un coté que ceux qui ont aquis une grande & longue habitude à la prudence, à la moderation dans les plaisirs, à la temperance, une grande habitude à l'observation de la premiere regle d'équité & à la pratique de la bienfai-

C

zance, & fur tout à la patience & au pardon des injures, qui fait une partie principale de la bienfaizance, n'ayent de grans avantages pour la conduite de la vie fur ceux, qui n'ont point aquis de pareilles habitudes.

D'un autre côté tout le monde convient, que l'âge où il eft le plus facile de faire prendre aux hommes de bones habitudes, c'eft le tems de l'enfence & de la jeuneſſe, parceque alors leurs mauvaizes habitudes ne font pas encore trop fortes, ils reſſemblent aux jeunes plantes, qu'il eft facile de redreſſer, quand elles ne font que comencer à fe courber dans la pepiniére.

Ce n'eft pas qu'il n'y ait de jeunes arbres tellement difpoféz à la courbure, & d'une nature fi forte que tout l'art du jardinier ne peut empêcher de venir courbés, mais ils le feroient devenus encore plus fi le jardinier n'en avoit pris aucun foin ; or fouvent le precepteur n'a comencé à coriger fon Ecolier, que lorfqu'il étoit dans un âge déja trop avancé, car il y a certains enfans, qui de bone heure font comme certains arbres trop fermes & trop reziftans.

Ce que je veux infinuer par la com-

paraizon des arbres du jardinier & de
sa pepiniére, c'est que le redressement
des enfans dans les Coleges doit se faire également par dégrés insensibles,
mais de bone heure & par des exercices journaliers, car ce sera de la répetition de ces exercices durant huit ou
dix anées, que l'on poura atendre la
formation des fortes habitudes, que
l'homme gardera le reste de sa vie.

Qu'est ce donq que les Ecoliers vont
faire dans les Coleges ? Ils y vont prendre des habitudes de sajesse, & de vertu pour augmenter la droiture du cœur,
ils y vont prendre des habitudes d'aplication & d'atention, pour augmenter la force & la justesse de l'ésprit, &
pour exercer leur mémoire sur les connoissances les plus utiles.

Ces cinq moyens principaux sont
pour ainsi dire eux-mêmes cinq autres
fins subordonées & particuliéres, où
l'on se propose d'ariver dans l'Education publique pour obtenir la fin générale & supérieure, qui est la grande
augmentation du bonheur de l'enfant,
de ses parens & de la patrie.

Nous alons les expliquer séparement
dans le reste des Chapitres de cette pre-

miére partie, on mezurera plus facilement l'importance de chacun d'eux, & quand l'on en aura mezuré la diférence importante, les Maîtres se détermineront plus facilement & plus surement à former des statuts propres à faire mettre plus de tems aux exercices les plus importans, & par conséquent, moins de tems à faire aquerir aux enfans, les habitudes les moins importantes ; & ce sera cette proportion, qui métra toûjours une grande diférence entre la bone & la mauvaize, & entre la médiocre & l'excelente Education.

CHAPITRE VIII.

Explication du premier Moyen géneral.

Habitude à la Prudence Crètiéne.

Toutes les habitudes bones & mauvaizes comencent dans l'enfance, se fortifient durant la jeunesse, & gouvernent ensuite les hommes dans le cours de leur vie, les uns bien selon la raizon & leurs interêts réels & véritables, les autres mal felon les accéz de leurs paffions & de leur folie, contre leurs interêts réels, mais felon leurs interêts aparens tels que les leur répréfentent leurs paffions.

Il femble, que dans l'enfance on ne puiffe rencontrer que de l'imprudence, à cauze du défaut d'experience des chofes qui produifent le plus de plaizir ou de douleur, & faute de conoître tant par l'experience que par la réfléxion, quels font les plaifirs, & les maux les plus durables, cependant ils ne font pas tout à fait incapables de faire des réfléxions & des comparaizons tant fur leurs propres experiences, que fur les experiences de leurs camarades, qui font hureux ou malhureux, joyeux ou foufrans, ils ne font pas même incapables de recevoir les craintes qu'on veut leur infpirer, quand les maux leur font peints vivement, & quand ils ont confiance à celui qui leur parle, ainfi ils ne font pas entiérement incapables de tout examen, de toute deliberation & de fufpendre quelquefois leurs rézolutions.

Or c'eft particuliérement dans l'ha-

C iij

bitude à la suspension, dans l'habitude à l'éxamen, dans l'habitude à la deliberation, à la consultation, dans l'habitude à comparer les biens & les maux, atachez aux partis opoféz, que consiste l'habitude à la prudence, comme c'est dans l'habitude à la non suspension, au non examen, à la non comparaizon, que consiste l'habitude à l'imprudence.

Ceux, qui ont plus de sensibilité, ont moins de facilité, à suspendre leur résolution, & à examiner le bon & le mauvais des deux partis opoféz, ils sont pour ainsi dire, emportés par la grandeur & par la force de leur sentiment, leur ame en est toute ocupée, il ne leur reste aucune place pour aucun sentiment, ou de crainte, ou de dézir, qui puisse les forcer à examiner la grandeur ou des maux on des biens, qui suivront de telle rézolution, ainsi plus l'enfant a de sensibilité au dessus de son camarade, plus il a de disposition à l'imprudence.

Les Fiziciens disent, que cette sensibilité est grande, à proportion, que les fibres des membranes sont plus ou moins tenduës dans les uns que dans les autres, & éfectivément dans les par-

pour perfectionner l'Education. 31

ties du corps, où il y a tumeur & plus de tenſion dans les membranes, il y auſſi plus de ſenſibilité.

Ce n'eſt pas que ces caractéres ſi ſenſibles ne puiſſent aquerir quelques dégrèz de prudence, mais toutes choſes égales, ils n'en aquiereront jamais, tant que les caracteres médiocrement ſenſibles, car pour les caractéres trop peu ſenſibles & prèſque ſtupides, il ne faut en atendre ni talens ni vertus.

Les caractéres très ſenſibles ont une imagination plus vive, plus abondante, ils content mieux, ils ſont pour l'ordinaire les plus agréables dans le comerce de la vie quand ils veulent plaire, & les plus dèzagréables, quand ils veulent déplaire, & toûjours les plus imprudens & les moins capables de doner, & ſur tout de recevoir de bons conſeils.

La paſſion eſt une éſpèce de fievre de ſentiment; or il y a dans les fievres des accéz plus forts les uns que les autres, & plus dans certains hommes que dans les autres.

La claſſe des très-ſenſibles n'a que de petits intèrvales de raizon, la claſſe des médiocrement ſenſibles a de plus

C 4

longs intervales de raizon, où ils peuvent faire uzaje de l'éxamen.

Dans l'âge meur depuis 30. ans jufqu'à 50. le même homme a les intervales de fenfibilité plus courts, & les intervales de raizon plus longs, qu'il n'avoit à 15. ans; de là on peut conclure que notre raizon ne croît guères qu'à proportion que notre fenfibilité diminuë.

La prudence dans l'Ecolier peut s'éxercer par les réflexions qu'on lui fait faire fur des maux, que lui caufent les chofes malfaines, qu'il a manjées avec plaifir, où les chozes faines qu'il a manjées avec excès, les excès dans fes amufemens, les excés dans l'application, les maux, que produizent foit à lui, foit à fes camarades, les impatiences, les réponfes aigres, brufques, inpolies, la pareffe, &c. Or plus le Regent émploye de tems par jour à ces exercices, plus il augmente dans fes Ecoliers leur habitude à la prudence.

La modération dans les plaifirs, dans les dézirs, la juftice, la politeffe, la prévenance, la liberalité, la patience dans les injures, l'habitude à raizonér jufte, l'habitude à orner fa memoire des chozes utiles, toutes les vertus & tous les talens, peuvent-être regardez comme les enfans, ou comme des effets de la prudence ou de l'amour propre bien entendu, parceque toutes les vertus & tous les talens fervent à diminuer nos maux, & à augmenter nos biens pour cette vie, & à nous affurer le bonheur de la vie future.

La prudence, c'eft-à-dire, la connoiffance de nos interêts rèels, & de nos plus grans interêts nous infpire la crainte falutaire des tourmens éternels, & le dézir vif des délices du Paradis, & comme cette prudence des enfans de Dieu, que nous devons, ou à une raizon très-éclairée, ou à la foi habituelle, nous enfeigne que le meilleur moien pour obtenir le Paradis c'eft d'être camarade jufte & bienfaizant, fils jufte & bienfaizant, pere jufte & bienfaizant, mari jufte & bienfaizant, voifin jufte & bienfaizant, citoien jufte & bienfaizant pour plaire à Dieu, il fe trouvera toûjours que les hommes les plus dèzirables dans la focieté feront les plus prudens, & les plus feurs d'obtenir le bonheur éternel, la prudence, qui agit pour éviter les maux, & obtenir les biens de la seconde vie est proprement la prudence crètiéne, & la prudence la plus éstimable.

Il faudra faire remarquer à l'Ecolier l'état, où la colere met un homme en lui ôtant pour le moment toute forte de raizon & de prudence, toute faculté de bien juger, de bien examiner, & on lui montrera le plus souvent que l'on poura, cette situation d'ésprit, cet état dans lui-même, & dans les autres comme dans un miroir, on lui fera sentir que c'est une fievre & une folie passajére, dans les accèz de laquelle, il faut bien se garder de prendre des résolutions, on lui fera faire la comparaizon de cet état à l'état calme & moderé, dans lequel on écoute avec plaisir la raizon, c'est-à-dire ses interêts.

Il est certain, que ces réfléxions que l'on fait faire aux enfans, ne leur font pas grande impression, quand elles ne sont pas assez frequentes, & quand on ne leur montre pas d'enfans ou d'autres personnes en colere, mais il est certain, que quand elles sont repetées tous les jours, & que quand on leur expose souvent devant les yeux quelque homme, quelque enfant emporté, & pour ainsi dire, ivré de colere, & qui a perdu l'uzaje de la raizon, quelque autre enfant malade puni de quelque excès d'intemperance, où il s'est jetté, on a augmenté peu à peu leur habitude à la prudence, ces miroirs de colere leur manquent quelquefois, mais ils leur manquent bien moins que les frequentes réflexions sur ces miroirs, chacun à son tour devient miroir pour son camarade.

J'aprouve fort la métode des anciens Lacédémoniens, qui montroient à leurs enfans un esclave ivre pour l'expoſer ainsi à leurs moqueries & à leurs mépris, il faudroit leur expoſer devant les yeux des gens de la lie du peuple ivres de colere, pareils ſpectacles ſeroient incomparablement plus inſtructifs, que les plus belles leſſons de morale ſur la colere & ſur l'ivrognerie.

Si quelqu'un meurt de quelque maladie cauzée par quelque excèz, par quelque désobéiſſance &c. il faut, que tous les Ecoliers le voient mort, & qu'en le voiant le Régent leur faſſe faire réflexion ſur cet excès, & ſur les malheurs, & les enchaînémens de malheurs, qui y étoient atachéz, voilà des leçons importantes de prudence, qui font de grandes impreſſions, il ne faut pas les laiſſer échaper ſans que les yeux en conſiderant le mort, ayent le loiſir de contribuer à graver profondement dans l'imagination les grans malheurs joints à l'imprudence, à l'intemperance, à l'impatience &c. afin qu'il ſe forme en eux une averſion habituelle pour ces vices.

Le principal uzaje de la raizon c'eſt de bien conduire l'homme vers l'augmentation des biens les plus grans & les plus ſolides & vers l'exemtion ou la diminution des maux les plus grans, & les plus durables ; or cet uzaje de la raizon eſt perdu dans l'intervale de la fievre & de l'enivrement de la paſſion, ſouvent un petit plaiſir paſſajer nous cauze une grande & longue douleur, ſouvent une petite peine paſſajere nous cauzeroit un plaiſir grand & durable, où l'exemtion d'un très grand malheur; or on ne ſauroit rien voir de tout cela tant que dure la paſſion.

Le Regent, le Precepteur, qui peut punir l'Ecolier, qui ne fait pas ce qu'il lui a preſcrit doit pourtant autant qu'il est poſſible, lui faire ſentir la raizon du precepte ou du comandement; cela ne ſe peut faire que peu à peu & avec des repetitions, mais il ne pert pas ſon tems, parceque chaque Ecolier poura s'acoutumer à croire qu'il eſt de ſon interêt d'obéïr pour ſon bonheur à venir, & de faire telle choſe qui lui eſt comandée, ou de s'abſtenir de telle autre, qui lui eſt defendüe; ainſi il ſe conduira peu à peu par les regles de la prudence, qui veut que l'on travaille avec peine dans l'enfance, & dans la premiere jeuneſſe pour récüeillir abondament des ſatisfactions & des plaiſirs dans le cours de la vie.

L'Education eſt proprement la ſaizon où l'home ſeime pour le reſte de la vie; s'il ne ſeme rien que de mauvais grain, s'il ne prend que de mauvaizes habitudes, il ne recüeillera que des chagrins, & malheur à lui & à ceux avec qui il aura à vivre, ſi ſes Regens ont ſemé en lui & fortifié de bones habitudes, & ſur tout l'habitude à ſoufrir ſans ſe plaindre, ſans murmurér, ſans dézir de venjence, il ſera ſujet à beaucoup moins de malheurs, & hureux ceux avec qui il ſera en comerce.

Ainsi pour rendre aux enfans le tems de leur Education plus suportable & même agréable, il est à propos de leur montrer souvent, que quand ils seroient les maîtres de choisir leurs ocupations & leur maniere de vivre, s'ils étoient prudens, & s'ils conoissoient leurs interêts réels, s'ils vouloient se rendre la vie présente d'un côté moins malhureuze, & de l'autre plus hureuze, & obtenir le Paradis dans la seconde vie, ils devroient par prudence choizir les mêmes exercices, qui leur sont comandés, & où ils s'ocupent tous les jours ; & quoique la plupart ne s'en ocupent d'abord que par la crainte de la punition, il est certain, que l'opinion qu'ils prendront peu à peu dans la suite, qu'ils ne sauroient rien faire de plus avantajeux pour leur bonheur, leur fera faire leurs exercices incomparablement mieux, & avec plus de plaisir que lorsqu'ils ne les font que pour obéir & par la crainte de la punition, & c'est augmenter ainsi en même tems leur bonheur present, & leur raison presente.

Pour leur faire aimer leur Etat, il est bon de leur peindre de tems en tems les avantages, qu'ils trouveront au fortir du Colege sur leurs pareils, qui n'auront pas eu le bonheur d'avoir une Education reglée & suivie, & qui seront devenus inapliquez, paresseux, sans talens, impatiens, faineans, méprisez, & méprizables.

Il faut leur faire faire souvent attention que les plus paresseux, les plus dèzobéissans, les plus inapliquez, les plus impatiens d'entre leurs camarades sont les plus imprudens, & par conséquent les plus malhureux, ainsi il faut leur faire remarquer précieuzement tous les exemples des maux, que produit l'imprudence, ou plûtot leur faire remarquer qu'elle est la cauze de la plûpart des maux de la vie.

La prudence ne regarde que l'augmentation du bonheur du prudent, la bienfaizance regarde l'augmentation du bonheur des autres, & voilà pourquoi cette vertu est digne de loüanges, parceque le bienfaizant donant plus quil ne doit, demandant moins qu'on ne lui doit merite une récompense; or d'un côté la réconoissance publique de celui qui réçoit le bienfait, & de l'autre les loüanges de la part de ceux qui en font les témoins, font une partie de cette récompense.

Il n'y a proprement que le bienfai-zant de loüable ou du moins c'est lúi, qui est le plus digne de loüange, car quelle réconoissance, quelle loüange pouroit on devoir à celui qui n'agit que pour lui-même pour augmenter le nombre de ses plaisirs & qui par les succès de ses entreprizes se paye, pour ainsi dire, par ses mains des peines qu'il a prizes.

Après les plaisirs des sens ce sont les plaizirs de la gloire & de la distinction entre ses pareils, qui contribuent le plus à augmenter le bonheur de l'homme.

Après les douleurs des sens ce sont les douleurs & les chagrins de la honte & des distinctions méprizantes entre pareils, qui contribuent le plus à l'augmentation du malheur.

Mais les hommes se tronpent souvent & lourdement en prenant pour distinction précieuze, une distinction, qui n'est d'aucun prix, ils cherchent à paroître riches, par exemple, au lieu que dans les richesses il n'y a que le bon uzaje qu'on en fait, qui en soit loüable; ils prenent souvent pour des chozes honteuzes, par exemple, la pau-vreté,

vreté, il est vrai, qu'elle est incomode & facheuse, mais elle n'est nulement criminelle, nulement honteuze, il n'y a dans la pauvreté que le mauvais uzaje qui en soit honteux.

Or en quoi consiste le bon uzaje des richesses ou d'un grand revenu? c'est d'être bon aux autres, car un riche, qui ne depense rien pour les autres, ou qui ne depense que pour ses plaisirs ne fait aucun bon uzaje, aucun uzaje loüable de ses revenus; il n'y a de loüable que ce qui est vertueux, & il n'y a de vertueux, que les euvres de bienfaizance, qui tendent à augmenter les biens, & à diminuer les maux des autres.

Le pauvre, qui soufre sa pauvreté sans murmurer, qui ne fait aucune bassesse pour en sortir, qui est doux, poli, oficieux, qui done du sien à quelqu'un plus pauvre que lui; celui là fait un bon uzaje de sa pauvreté, & sa pauvreté lui est véritablement glorieuze.

Mais comme ces veritéz sont combatuës par un reste de barbarie & d'ignorance de nos péres, qui ont pris sotement les grandes richesses, & le

D

grand pouvoir pour quelque chose de fort-glorieux, & comme le bas peuple est encore dans cette erreur pernicieuze, on ne sauroit démontrer ces veritez aux enfans en trop de maniéres & trop souvent tant par des exemples que par des réflexions.

Ainsi à eux permis de dézirer les richesses & le grand pouvoir, mais qu'ils sâchent, que s'ils veulent être distingués avantageuzement entre les riches & les puissans ce ne peut-être, qu'à condition de faire un uzaje loüable de leurs richesses & de leur pouvoir, c'est-à-dire à condition de multiplier leurs presens & leurs bienfaits envers le plus grand nombre de famille, & des plus malheureuzes.

Il faut donc que dans l'Education le Regent s'atache à rectifier tous les jours les idées des Ecoliers sur la distinction & à leur faire discerner avec justesse la distinction la plus précieuze de la moins précieuze ; j'ai parlé amplement de ces diférentes espéces de distinctions dans un discours séparé.

Des maximes, qui y sont demontrées, il suit que la prudence, quand elle n'est pas bienfaizante, est à la verité une chose souhaitable pour soi-même, comme le grand revenu, le grand pouvoir, mais que ce n'est point proprement une vertu digne de nos loüanges, parcequ'il n'y a rien d'estimable, rien de vertueux, rien de loüable, que le bon uzaje que l'on fait de ces qualitéz soit exterieures soit interieures pour rendre les autres & moins malhureux & plus hureux.

Dieu punit les injustices de chaque home, où dèz cette premiére vie, selon les regles de sa providence, & par le ministére des autres hommes ofensés & vindicatifs, ou dans la seconde vie selon les regles de sa justice.

Dieu récompense les bienfaits de chaque homme, ou dèz cète premiere vie selon les regles de sa providence, & par le ministére des autres hommes reconoissans, ou dans la seconde vie selon les regles de sa bonté.

Ces deux maximes sont certaines & faciles à démontrer à quiconque, a asséz de raizon pour sentir la nécéssité de l'existance d'un être tout puissant infiniment saje, juste & bienfaizant.

Les Regens ne sauroient trop repeter ces deux maximes aux Ecoliers, &

leur en faire voir d'un côté l'obſervation ordinaire par les experiences des evenemens anciens, & par les experiences des evenemens journaliers, & de l'autre ils ne ſauroient trop leur en faire ſentir la néceſſité dans l'ordre d'une providence ſaje & juſte, ſur tout par raport à la ſeconde vie.

La même prudence qui conſeille d'éviter la grande punition, que merite l'injuſtice, conſeille auſſi de tacher d'obtenir la grande récompenſe, que mérite la bienfaizance.

Il faut de la prudence par tout, & par conſéquent de la prudence, qui regarde non ſeulement la diminution des maux, & l'augmentation des biens de cette vie, mais encore l'exemtion des maux terribles, & l'aquiſition des biens immenſes de la ſeconde vie.

L'Ecolier s'acoûtume aſſez & d'aſſez bone heure, & aſſéz facilement à avoir pour principe de ſes actions ſon amour propre, & ſon interêt particulier, mais ce qu'il doit retirer d'une bone Education c'eſt de perfectioner cet amour propre, & de le rendre plus éclairé, & par conſéquent vertueux & religieux.

Sur quoi il eſt à propos de remarquer

que la quatriéme habitude pour conoître la verité, & pour bien raizoner, & la cinquiéme habitude pour aquerir des talens, ont toutes deux pour but l'augmentation de notre bonheur & sont aussi deux moiens que la prudence humaine & religieuze de l'Ecolier, employe pour augmenter son bonheur en cette premiére vie, & pour s'assurer la felicité de la seconde; car il est évident que plus un homme aquiert de talens utiles aux autres, plus il a de pouvoir d'exercer sa bienfaizance envers ses citoiens, & cela pour obtenir le Paradis, & pour plaire davantage à Dieu, qui aime le plus ceux qui lui ressemblent le plus par le grand dèzir de bien faire, & par le grand nombre & l'importance des bienfaits.

Ainsi l'on peut dire, que la meilleure Education des enfans est une pratique perpetuélle, que leur conseillera leur amour propre, vertueux & religieux, c'est-à-dire, une pratique de la prudence la plus sublime dans la crainte de déplaire à Dieu, & dans le dèzir de lui plaire; & que les quatre habitudes, que je vais expliquer, ne sont que les quatre principaux moiens pour ariver à cette sublime prudence des enfans de Dieu, & telles sont les habitudes, que l'on doit prendre dans une sainte & sublime Education.

CHAPITRE IX.

Explication du second Moien.

Habitude à la Justice Crètiéne.

Il faut faire souvent remarquer aux enfans, que les homes, qui ont une plus grande habitude à observer la justice n'ofensent persone, sont moins ofenséz, & sont par conséquent moins malhureux que les autres; au lieu, que comunément les plus injustes, les méchans se font beaucoup d'enemis, & sont les plus malhureux, cela se fera sentir par les comparaizons entre l'Ecolier patient & juste, & entre l'Ecolier impatient & injuste, & leur faizant remarquer, que la plupart des malheurs qui arivent à l'injuste sont cauzés par son injustice, ainsi presque tous les exemples de malheurs dévienent des exem-

pour perfectionner l'Education. 47
ples précieux, & des experiences importantes.

Quand le Regent, quand le Precepteur ne trouvera point dans sa classe d'exemples de malheurs cauzés par l'injustice il en empruntera des autres classes; mais pour faire des impressions plus profondes, il faut aux homes, & sur tout aux enfans, qu'ils soient aidés par les sens, il faut qu'ils conoissent, il faut qu'ils voyent les malheurs & les malhureux, & s'il se peut dans leur afliction. C'est ce qui nous est presenté par nos sens, qui fait le plus d'impression sur nous.

Il faut souvent faire remarquer à l'Ecolier qu'il a deux moiens pour conoitre si ce qu'il a dit, si ce qu'il a fait, est injuste; le premier, c'est lorsque quelqu'un s'en plaint & s'en trouve ofensé, le second c'est se demander à soi-même, *voudrois-je qu'un autre en fit, ou en dit autant contre moi.*

Il faut donq, que sur chaque plainte, que le Regent reçoit, il comence par faire convenir l'ofenseur devant 6. ou 7. de ses pareils, qu'il a efectivement tort, qu'il a comis une injustice, *qu'il seroit faché qu'un autre en uzat,* ain-

si à son egard & qu'il doit reparer le chagrin qu'il a cauzé

Alors c'est à l'ofensé à uzer de génerozité & à demander que l'ofenseur ne soit point puni, & à le tenir quite de toute réparation, il est à propos de faire remarquer à l'ofensé qu'il est de son interêt de pardoner aux autres leurs fautes, afin qu'en récompense ils lui pardonent un jour les sienes, & c'est même un conseil de prudence.

Mais à dire la verité tout pardon est quelque chose de plus que la justice, c'est une veritable bienfaizance, car enfin c'est faire un bien, un plaisir, que l'on ne doit pas : nous alons en parler plus au long dans l'article suivant.

Ne pas s'aquiter de ce que l'on doit à ses maîtres, à ses parens, à ses superieurs, à ses camarades, à ses pareils, à ses inferieurs, & à tous les autres hommes, c'est faire des injustices.

Il faut pour l'instruction de l'Ecolier lui faire lire une liste detaillée de chacun de ses devoirs exposés avec ordre & marquer les cas les plus importans, pour leur aprendre à distinguer la diferente grandeur des diferentes injustices; voilà ce qui doit faire

pour perfectionner l'Education.

faire une grande partie de leurs leſſons, & de leurs repetitions journalieres.

Il faut que le Regent acompagne toûjours les preceptes & les corections de deux motifs. 1o. La punition temporelle, qui eſt la ſuite naturelle de l'injuſtice, haine, mépris, mauvaize reputation, 2o. La punition éternelle & certaine, ſi on ne repare pas les injuſtices, & ſi en compenſation on ne pratique pas ſouvent la bienfaizance.

Les preceptes, les conſeils, les corections auront d'autant plus de force, que les enfans ſentiront qu'il s'agit de leur propre malheur & leur propre bonheur, & qu'ils véront que les mechans, & les injuſtes ſont ordinairement où hais où mépriſéz dèz cète vie, & qu'il eſt encore de la Juſtice Divine, qu'ils ſoient punis dans l'autre, lorſque le nombre & la grandeur de leurs bienfaits, ne ſurpaſſent pas à la mort le nombre & la grandeur de leurs injuſtices, & que le mal emporte le bien dans la balance du juge ſouverainement juſte.

Il eſt vrai, que ces moiens pour procurer aux Ecoliers une forte habitude à la juſtice par les diferens exercices,

E

& par les diferentes reflexions, qu'on leur fera faire tous les jours démandent de la part du Regent, & des precepteurs beaucoup de peines, d'atention à les voir joüer, manjer, etudier, ensemble, à s'informer de leurs disputes, de leurs demelés, & à leur repeter incessament la même regle, & sur tout les mêmes motifs sous diferentes manieres, sous diferens exemples, car d'un côté sans de frequentes repetitions, il ne faut point esperer de fortes habitudes, & d'un autre côté il faut de la diversité dans les manieres, dans les exemples dans les reflexions pour empêcher que les Ecoliers ne s'aperçoivent des repetitions.

C'est par un nombre presque inombrable de coups de marteau, qu'un orfevre vient à bout de bien faire un vaze d'argent, mais il a la consolation de voir au bout d'une heure, au bout d'un jour un effet visible de tous ses coups de marteau, au lieu que le precepteur n'a pas cète consolation, cela me fait penser, qu'il est dificile, qu'il y ait pour lui un ressort, un motif sufizant pour se doner toutes ces peines, si ce n'est la consideration, qu'il

pour perfectionner l'Education.

fera d'autant plus recompensé dans la vie future, qu'il aura formé un plus grand nombre d'hommes justes & bienfaizans ; & par consequent, procuré un plus grand nombre de bones œuvres sans en recevoir presque aucune recompense en ce monde, voilà pourquoi je préfere pour Regens ceux, qui ont plus de religion, & pour l'ordinaire, ce sont les Religieux liéz par les veux de l'obeissance, qui ont plus de religion que les autres, mais je crois, qu'il faut encore imaginer des récompenses de distinction, & d'agrement dans cette vie même pour les Religieux mêmes, qui reussissent le mieux dans leurs emplois.

CHAPITRE X.

Explication du troisiéme Moyen.

Habitude à la bienfaizance Crètiéne.

ON ne se plaint point de l'home juste il ne fait aucun tort, il rend tout ce qu'il doit à tout le monde, il s'aquite de tous ses devoirs, mais on se loüe du bienfaizant, on le trouve digne de recompense, & la premiere recompense c'est la loüange, il done du sien qu'il ne doit pas, il fait plus qu'il ne doit, il va au dela de ses devoirs, aussi la bienfaizance, si petite qu'elle soit est une vertu bien plus digne de loüanges que n'est la temperance & la justice.

Il y a plusieurs manieres d'exercer la bienfaizance, soufrir des injustices, des injures, sans se plaindre, pardoner les injures après qu'on s'en est plaint, faire des petits presens, selon son pouvoir, la maniere de les faire, les politesses, les prévenances, les petits soins, les petites atentions à faire plaisir, les marques singulieres d'estime, d'afection, de respect, au de la de ce qui est deu, les bons ofices, les éloges fondéz, les aumones, les services à ses pareils, à ses inferieurs, mais sur tout la patience & le pardon.

De la il suit, que pour devenir plus en état de procurer plus de bienfaits à ses parens, à ses amis, à sa patrie, il est à propos d'aquerir plus de talens, chacun dans son emploi, il est à propos d'aquerir plus de revenu, plus de credit par ses soins, & par son travail.

Il faut, que les Regens fassent des listes de toutes les sortes de bienfaizances, dont un Ecolier peut faire des exercices journaliers.

La patience, que l'on à sans se plaindre d'une ofense que l'on reçoit est bien plus loüable, que le pardon, que l'on acorde de l'ofense après que l'on s'en est plaint.

Ainsi l'habitude à la patience est de toutes les parties de la bienfaizance la plus importante pour l'augmentation de son propre bonheur, & du bonheur des autres, c'est la vertu dont il est plus facile aux Ecoliers de trouver l'ocazion de faire tous les jours diferens actes, & par consequent, dont ils peuvent plus facilement aquerir une forte habitude, & c'est aussi l'habitude, qui me paroit beaucoup plus précieuze, que toutes les autres, que l'on peut aquerir dans la meilleure Education.

La patience est d'autant plus loüable, que l'injure est plus grande & l'ofense, est d'autant plus grande que l'ofensé se l'est moins atirée, ainsi le pardon de l'injure est un bienfait, d'autant plus grand qu'il lui seroit plus facile de se plaindre de l'injure, & d'en obtenir une venjance proportionée.

Les plus grans hommes sont les plus patiens.

Les homes du meilleur comerce sont les plus patiens.

Les plus patiens dans le comerce sont les plus hureux.

Toutes ces propositions sont faciles à prouver par les experiences journalieres, & par l'histoire qui ne devroit être qu'un journal des vices punis & des vertus recompensées, & à dire le vrai l'histoire doit-être interessante, & agréablement écrite, mais pour être plus utile, elle ne devroit être que le recit des experiences passées, fait principalement pour rendre les lecteurs futurs plus prudens, & plus vertueux, & par consequent plus hureux.

L'histoire particuliere ne devroit être qu'un récueil agréable d'observations de morale, fait à peu près pour perfectioner la santé de l'ame, dans le même dessein que l'on fait des récüeils d'experiences & d'observations de chimie, de Medecine, de Chirurgie pour faire faire des progrèz dans les metodes, qui servent à conserver & à reparer la santé du corps.

L'histoire generale des Etats devroit être une collection d'experiences faites pour montrer les reglemens, qui ont bien où mal réussi, & les raizons de leur bon où mauvais succés pour perfectioner la raizon de ceux qui doivent avoir part un jour au gouvernement de l'Etat, mais ces collections doivent être agréables à lire.

Il y a une sorte de patience, qui est de s'acoutumer à la peine que l'on ressent dans le travail & dans l'aplication & cela, parceque à intelligence égale l'Ecolier le plus patient, le plus laborieux, le plus constant dans le travail devient bientôt superieur & se distingue bientôt entre ses pareils par ses talens.

Les plus impatiens dans le travail sont les moins propres à se distinguer par leurs talens.

La plus grande habitude à ces deux sortes de patience, c'est à mon avis le sublime de l'excelente Education.

C'est particulierement pour la patience sans plainte, qu'il faut établir des prix chaque mois, & les plus grans prix d'honeur à la pluralité des voix des pareils.

E iiij

Quels homes que les Lacédémoniens du siecle de Leonidas en comparaizon des Ateniens & des autres Grecs, & cependant qu'els homes que les Ateniens mêmes en comparaizon des Perses de ce siecle la ? Or toute la superiorité des Lacédémoniens sur les Ateniens venoit de leur superiorité de patience, & ou l'avoient-ils aquize cette patience ? C'étoit dans leurs Coleges, c'etoit à qui seroit le plus patient, temoin ce jeune Ecolier, qui se laissa manjer une partie du ventre par un petit renard sans crïer, dans une ocazion où il crut de son devoir & de son honeur de cacher le renard, & de ne pas faire de bruit.

Outre ces prix, qui marquent aux enfans l'état que l'on fait où d'un talent où d'une vertu, il faut toûjours joindre l'esperance & la prédiction, que cet enfant, qui remporte le prix, sera un jour à telle place dans le monde, & remplacera tel home d'une si grande vertu & d'un si grand credit, qu'il remplacera un tel Ministre, un tel Saint sur la terre, car il faut citer l'homme vertueux, quand il y en a en place, & il y en a quelquefois dans

pour perfectionner l'Education. 57

les états même mal policés sinon il faut prendre des modéles chez les anciens, chez les morts; Solon, Epaminondas, Socrate, Aristides chez les Grecs : & Sipion, Caton, Agricola, Trajan &c. chez les Romains: & parmi nous St. Louis, du Guesclin, Bayard, le Chancelier de l'hôpital, Achile de Harlay, Descartes, Turenne, Lamoignon, Catinat, Vauban, il faut encourajer les jeunes gens en leur disant qu'ils obtiendront comme eux une vie délicieuze & éternelle.

En fait de promesses, de recompenses & de motifs, il ne faut jamais omètre ce qu'il y a d'immortel en nous,& depuis que la raizon plus éclairée nous a découvert que nous étions des êtres immortels, & qu'il y avoit un être juste, bienfaizant, tout puissant ce seroit une grande folie de ne pas mètre en euvre dans toutes les ocazions ces verités si précieuzes les plus importantes de la vie, & de ne pas faire tout l'uzaje possible de ces merveilleuzes découvertes, il me semble, qu'il nous seroit desormais honteux de vivre comme si nous n'étions que matiere, comme si nous n'étions qu'une machine, comme si toute notre personé devoit s'anéantir & comme si nous n'avions pas une fortune immense a esperer de l'Etre infiniment bienfaisant, dont nous tenons déja *l'indestructibilité* de notre ame & la durée infinie de ses conoissances, de ses sentimens, c'est-à-dire l'immortalité de ce *moi*, qui conoit, qui sent, qui raizone, qui espére, & qui est si diférent d'une pierre, d'un arbre, d'un huitre, d'un chien, &c.

Il est bon de faire estimer aux enfans les recompenses temporelles, mais il faut les acoutumer à estimer incomparablement davantaje les recompenses éternelles, & leur inspirer de la Religion de plus en plus, & tantot la Religion pleine de crainte pour engajer les temperamens durs & sensuels à l'observaion de la justice, & à ne point faire de mal, tantot la Religion pleine d'esperance pour engajer les temperamens plus modérés à faire des actions de bienfaizance crètiéne.

Cela sera facile si on leur fait des peintures de plaisirs à leur portée plus grans que ceux qu'ils conoissent, & qu'on leur dize après ces peintures que ceux qu'ils auront seront encore dix fois, cent fois, mille fois plus grans, & que tous ces grands hommes, qu'on leur cite souvent joüissent actuellement des plus grandes joyes pour avoir été les plus grands bienfaicteurs envers les hommes en géneral, & envers leurs compatriotes en particulier, & envers le plus grand nombre de familles de ces compatriotes.

Il faut leur repeter tous les jours & plusieurs fois par jour, que ces joyes & ces plaisirs renaissent & augmentent tous les jours, & qu'ils n'auront aucune fin, que cent milions d'anées ne font pas une heure, une minute, une seconde, un clin d'œil de l'éternité, voilà la meilleure maniere d'augmenter tous les jours en eux, ce qu'il y a de plus important dans la Religion & de les acoutumer à ne separer jamais l'idée de la bienfaizance de l'idée du Paradis.

Il faut leur faire remarquer souvent que les plus grands Saints, qui ont le plus grand degré de bonheur en Paradis sont ceux qui par leurs ouvrages, par leurs peines & par leurs travaux ont procuré au plus grand nombre de familles de plus grand bienfaits tant pour cète vie que pour la vie future, que la plus seure maniere de plaire à l'être parfait & de lui plaire beaucoup c'eſt de l'imiter en ce qui eſt en notre pouvoir, que nous ne ſaurions mieux l'imiter qu'en imitant ſa bienfaizance envers le plus grand nombre d'homes, & que par conſequent le moien le plus ſeur pour obtenir le Paradis, c'eſt d'être bienfaizant envers les homes par le dèzir de lui plaire ; voilà le capital de la bone Religion & le meilleur uzaje que l'on en puiſſe faire.

Tels ſont les reſſorts que le Regent doit tous les jours fortifier par des exercices continuels dans les ames de ſes Ecoliers, c'eſt ainſi qu'ils aquiereront l'habitude à la patience, & aux autres parties de la bienfaizance de leur Etat, c'eſt ainſi qu'ils s'acoutumeront à n'agir hors du Colege que par les deux genres de motifs & de reſſorts, craintes & eſperances ; qui les auront fait agir dans le Colege même, c'eſt ainſi qu'ils aquiereront l'habitude de conoître les diférentes ſortes, & les diferens dègrés d'injuſtices & de bienfaizances, c'eſt ainſi qu'ils aquiereront l'habitude de n'être point injuſtes tant par la crainte de la honte ; & de la mauvaize reputation, que par la crainte de déplaire à Dieu, & d'être par conſequent condanèz à l'enfer.

C'eſt ainſi qu'ils aquiereront l'habitude à la patience, & aux autres parties de la bienfaizance tant par le dèzir de joüir dèz cète vie du plaizir de la diſtinction la plus précieuze, que par le dèzir de plaire à l'être ſouverainement bienfaizant, & par conſequent d'être réçus dans le Paradis.

C'eſt ainſi qu'ils ſeront portés come naturelement à éviter les injuſtices, & à faire pour plaire à Dieu tout ce qui peut le plus ſervir à augmenter leur propre bonheur, & le bonheur de leurs parens & de leurs autres Concitoiens, ce qui eſt lebut le plus ſaje, & en même tems le plus vertueux, & le plus ſaint qu'ils puiſſent jamais ſe propoſer.

CHAPITRE XI.

Explication du quatriéme Moyen.

Habitude au diſcernement de la verité.

CE n'eſt pas aſſez d'avoir doné à l'Ecolier l'habitude à ſuſpendre ſa rezolution juſqu'après l'éxamen du bon

& du mauvais des partis opoféz lorfqu'il eſt queſtion d'agir, ce n'eſt pas aſſés de lui avoir doné des habitudes propres à diriger les fentimens de fon cœur, c'eſt-à-dire fes dezirs & fes craintes, à proportioner la grandeur de fes craintes à la grandeur des maux redoutés, tant pour éviter de faire des injuſtices, que pour être porté à faire des âctions de bienfaizance, il faut encore lui doner l'habitude à la fufpenfion pour ne point décider fi telle propofition eſt vraye où fauſſe, où douteuze avant d'avoir examiné, fi elle à la même évidence des propofitions, qui font évidentes pour tout le monde, il faut lui doner l'habitude à examiner & à fufpendre fon jugement avant que de juger, avant que d'afirmer, avant que de nier, & cela de peur de prendre imprudament l'erreur pour la verité, ainfi l'examen avant que de juger eſt encore une partie de la prudence.

Il faut donq faire aquerir à l'écolier des habitudes propres à diriger les operations de fon efprit pour aquerir de grans talens utiles à lui même, à fa famille & à fa patrie, il faut par confequent lui faire aquerir l'habitude à

pour perfectioner l'Education. 63

raizoner juste, & à se conoître non seulement en propositions évidentes de diférentes natures, mais encore en raizonemens justes, & en consequences justes, il faut lui enseigner à distinguer les preuves solides, des preuves frivoles & aparentes, à distinguer dans les preuves les diferens dégres du vraisemblable, c'est qu'il faut qu'il fasse uzaje tous les jours dans le monde, & presque à chaque heure, de la justesse du raizonement soit dans la conversation, soit dans la lecture, soit dans les afaires, il faut, qu'il sépare à tout moment le vrai du faux, & ce qui est démontré, de ce qui n'e l'est pas encore, & qui reste douteux pour lui.

Il faut encore, qu'il ait contracté l'habitude de démontrer, de prouver avec clartée aux autres soit en parlant soit en écrivant, ce qu'il s'est demontré à lui même ou dans la lecture, où dans la meditation, ce qui est une habitude à une sorte d'Eloquence, il faut lui enseigner à narrer par écrit avec justesse, avec précizion, avec grace ce qu'il a oüi, ce qu'il a vû, ce qu'il a lû, il faut qu'il aprene à écrire ses preuves & à les aranjer, il faut qu'il écrive ſes récits dans ſa langue maternelle, ce ſont deux eſpeces de compoſition, où il faut l'acoutumer en lui faizant remarquer les fautes, où contre l'ordre, où contre la juſteſſe.

Il y a une diference infinie entre un eſprit qui raizone toûjours juſte, & un autre qui raizone ſouvent de travers; or ſi les regens dans chaque claſſe, & les precepteurs dans chaque chambre prenent ſoin de montrer ſouvent des raiſonemens juſtes, & des raizonemens faux, l'eſprit de l'enfant s'acoutumera facilement à difcerner les raizonemens faux, & inconſequens des raizonemens vrais & conſequens, il n'eſt queſtion, que de deux choſes, proportioner les exemples à la portée des eſprits, ſelon leur âge & multiplier les exemples ſur des objets diférens.

Mais à dire la verité ce qu'il y a de plus important à obſerver dans ces exemples de faux raizonemens, c'eſt de prendre ceux, qui menent a des erreurs de pratique, & à des pratiques injuſtes contraires à l'augmentation du bonheur de la ſocieté.

CHAP. XII.

CHAPITRE XII.

Explication du cinquiéme Moyen.

Habitude de la memoire pour retenir les faits, les demonstrations, des arts, & des sciences.

LA memoire utilement exercée est une bone habitude, qui sert infiniment à aquerir des talens, & les talens servent beaucoup à augmenter notre propre bonheur, & le bonheur des autres.

Les enfans aprenent facilement des faits curieux & utiles, mais ils les oublient encore plus facilement, quand on ne leur fait pas repeter souvent, & lontems ce qu'ils ont apris, & particulierement, ce qui n'a point passé par leurs sens. C'est la nature des hommes, & sur tout des enfans.

De la il est aizé de conclure 1°. qu'entre les choses que l'on peut enseigner aux enfans, il faut choizir les plus utiles & celles dont ils peuvent faire le

E.

plus d'uzaje le reste de leur vie, parcequ'ils les oublient s'ils n'en font un grand uzaje, & alors c'est autant de tems perdu, faire des vers grecs, des vers latins, tems perdu pour presque tous les Ecoliers.

2º. De la il suit, qu'il faut leur aprendre particulierement les comencemens des arts & des sciences dont ils doivent faire plus d'uzaje dans le cours de leur vie.

3º. De la il suit qu'il faut repeter, mais en abregé dans la classe superieure ce que l'on a apris plus au long dans la classe inferieure.

4º. De la il suit, qu'il faut aprendre un peu de tous les arts, & de toutes les sciences dans chaque classe.

5º. De la il suit qu'il faut lier le plus qu'il est possible les faits, les maximes, les demonstrations, les arts, les sciences qu'on leur enseigne les uns aux autres, afin que la chose rapellé en rapelle d'autres, qui y ont été liées.

Par exemple, il faut lier autant que l'on peut les faits de Cronologie, d'histoire, de Geografie, il faut lier la Geometrie à la Mécanique, la Mécanique à la Fizique, la Fizique à la Médecine, à la Chimie, à l'Anatomie, il faut lier perpetuellement ce qui est nouvellement conu à l'anciennement conu.

Plus un home a d'habitude à dier ainsi ses idées, plus il a de facilité à s'en bien servir, plus il rend son esprit solide, ferme, fort, constant, lumineux, propre à demontrer & à éclairer les autres.

6o. Il faut tant qu'on le peut faciliter, fixer & soutenir les idées des enfans par diverses choses sensibles, si l'on veut, qu'ils retienent mieux ce qu'ils aprenent. C'est une maxime à laquelle on ne fait pas assés d'atention dans leur Education, notre maniere d'enseigner est trop abstraite. Je trouve moi-même mes écrits trop abstraits & trop denuéz d'exemples sensibles pour le comun des lecteurs. C'est un effet de ma paresse.

7°. Il faut que le Regent se fasse une idée juste de la portée de l'esprit d'un enfant, & il faut, s'il est possible, qu'il s'abaisse aux alures, aux idées enfantines de celui, qui a le moins d'intelligence de toute sa classe, il faut qu'il tourne & retourne, ce qu'il leur enseigne de diverses fassons jusqu'à ce qu'il voye par leurs réponses, qu'il n'y a persone qui ne l'entende, car s'il ne s'eſt pas fait entendre, c'eſt un tems perdu, & pour lui & pour ſes Ecoliers qui ne l'ont point entendu.

Les Ecoliers n'avancent pas, quand ils ne ſuivent pas le Regent & ils n'ont garde de le ſuivre quand il leur demande de monter pour ainſi dire les degrez quatre à quatre, c'eſt à lui à diviſer même chaque dégré afin qu'ils le montent avec plus de facilité, je ſai bien, que cela n'eſt pas aizé, mais il eſt cependant abſolument neceſſaire pour un prompt & grand ſuccès.

80. Il y a ici une obſervation à faire ſur l'Education, c'eſt que dans les huit premieres anées depuis huit ans juſqu'à ſaize les enfans, qui ſont deſtinéz à cinq ou ſix profeſſions diferentes, ne laiſſent pas d'avoir bezoin de pluſieurs conoiſſances, qui ſont comunes à toutes ces diferentes profeſſions.

Mais comme il y a dans ces huit premieres claſſes un certain nombre d'Ecoliers deſtinés a diferentes profeſſions, il eſt à propos, que dans un Colege complet & univerſel il y ait, s'il ſe peut, des profeſſeurs particuliers pour chaque profeſſion particuliere, qui reçoivent des Coleges non complets, qui n'ont que les huit premieres classes comunes, tous ceux qui au sortir de ces huit premieres classes veulent étudier plus particulierement dans des classes particulieres & durant deux où trois ans les matieres des professions particulieres, aux quelles ils sont destinéz, par exemple pour la profession Eclesiastique; il sera à propos d'enseigner dans les classes particulieres quelque choze de la langue greque & de la langue hebraique, & d'y enseigner encore plus de latin, que dans les classes comunes.

9°. Les Ecoliers dans les classes des professions particulieres doivent sur tout continuer à forrifier tous les jours par divers exercices les habitudes à la prudence, à la justice, à la bienfaizance, à l'évidence des propositions, & à la justesse du raizonement, c'est l'objet principal de l'Education, *les talens ne servent de rien, & sont même nuizibles à la societé, s'ils ne sont toujours acompagnés des habitudes vertueuzes.*

On peut dire même qu'il est incomparablement plus important pour l'augmentation du bonheur de l'Ecolier, du bonheur de ses parens, & du bonheur de la societé, qu'il ait aquis durant ses dix ans d'Education les habitudes nécessaires pour devenir fils, frere, mari, maître, superieur, inferieur, voisin, Citoyen juste & bienfaizant, qu'il n'est important, qu'il ait aquis beaucoup de conoissances & de talens, au dessus de ses pareils, c'est que les conoissances & les talens eux mêmes ne sont dèzirables non plus que les grands revenus, & le grand pouvoir, qu'aproportion du bon uzaje, que l'on en fait pour augmenter son propre bonheur, & le bonheur des autres, & il n'arive que trop souvent que le mauvais uzaje de ces grans talens, de ces grands revenus, de ce grand pouvoir dans les injustes, sert à augmenter leur propre malheur & le malheur des parens & des Citoyens, & c'est ce qui montre combien les habitudes à la justice & à la bienfaizance sont plus importantes aux homes, que toutes les autres habitudes.

CHAPITRE XIII.
Education domestique.

IL est evident, que le Precepteur où le Gouverneur d'un enfant doit avoir dans l'Education domestique le même but, & employer autant qu'il poura les mêmes moyens generaux, que nous venons d'expliquer pour l'Education publique des Coleges, mais à dire le vrai il s'en faut beaucoup que l'Education domestique ait tous les avantajes de l'Education publique.

10. Ordinairement le Precepteur où le Gouverneur quoique habile arive tout neuf a son métier, il n'a nulle experience des enfans, il n'a point vecu avec des Precepteurs anciens, pui pouroient le guider, il n'a pu par son experience se faire une idée assés juste ni de la portée de leur esprit, ni des dégrez de leurs passions, il n'a nule experience des diferentes metodes les plus comodes & les plus eficaces pour les encourajer, & pour les intimider lorsqu'il le faut.

On trouve au contraire dans les Coleges des homes experimentéz dans tout ce qui regarde les enfans, qui ont une idée bien plus juste de l'ignorance de leurs disciples, de leurs illuzions, de leurs diferentes passions, ils ont deja fait l'Essai durant plusieurs anées des diferentes metodes, les plus propres à coriger les enfans de leurs defauts, & les anciens Precepteurs du Colege, servent de guides aux nouveaux.

2º. Par les jeux du volant, du balon & autres exercices, les enfans ont dans les Coleges plus de faculté pour y conserver leur santé que dans l'Education domestique, ou il y a moins de facilité, ou il n'y a ni camarades, ni emulation sufizante a qui joüera le mieux, il n'y a pas non plus l'exemple d'obeissance, pour faire cesser ces jeux à point nomé.

3º. Les Medecins des Coleges soit religieux, soit séculiers ayant plus d'experience des enfans, savent mieux les gouverner dans leurs maladies, que les Médecins ordinaires des homes faits, ce qui n'est pas un médiocre avantage.

4º. Dans l'Education publique le désir de se distinguer en bien entre pareils est un très-puissant motif pour exciter

citer les enfans à la moderation, à l'obéissance, à l'aplication, à la patience; or dans l'Education domestique il n'y a point de pareils, & par consequent, elle manque du puissant motif de l'émulation, quatriéme avantaje de l'Education des Coleges, sur l'Education doméstique.

5o. Dans l'Education publique la crainte de la honte, & du mépris ou de la distinction en mal est une douleur trèz sensible, & un autre puissant ressort pour coriger ses enfans, & les empêcher de devenir paresseux, dèzobeissans, mutins, brutaux, impatiens, inapliquéz, menteurs, &c. Or ce puissant ressort manque viziblement dans l'Education domestique, où il n'y a point de pareils, cinquiéme avantaje très-considerable.

6o. La pratique de la justice entre pareils est une des plus importantes habitudes, que l'on puisse prendre dans l'Education, *ne faites point, ne dites point contre un autre ce que vous ne voudriez pas qu'il fit, qu'il dit contre vous, suposé que vous fussiez a sa pla-*

ce, & qu'il fut à la vôtre, & cela de peur de déplaire à Dieu.

Cette regle est la plus importante de toutes les regles pour la conduite de la vie, on a tous les jours à la pratiquer entre camarades, entre pareils, & dans la pratique journaliere point de forte habitude; or la plus grande partie de cette pratique, & sur tout l'exemple des pareils, manque là où manquent les camarades & les pareils, sixiéme avantage de l'Education publique.

7º. La pratique de la politesse, de la prévenance, l'habitude à soufrir avec douceur & avec patience les injures, les ofenses, l'habitude à pardoner des ofenses, des imprudences, de petites coleres de ses pareils, sont des pratiques & des habitudes très-importantes par raport, au reste de la vie, si l'on veut obtenir le titre précieux, & distinctif *de fort honete home & d'home d'un comerce dezirable.*

Ces pratiques sont continuelles dans l'Education des Coleges, où l'on vit avec un grand nombre de pareils, ces pratiques ne sont pas si frequentes dans l'Education domestique, où il n'y a point de pareils, & par conséquent, ces habitudes à la vertu ne peuvent être que très foibles, car l'habitude ne se fortifie que par une grande repetition des mêmes actes, & des mêmes exemples, septiéme désavantage très important dans l'Education domestique.

8°. Dans l'Education publique l'exemple des malheurs & des punitions que s'atirent les enfans imprudens, paresseux, impatiens, menteurs, inapliquéz, rend les autres camarades plus sajes & plus prudens, ces exemples sensibles augmentent la prudence de l'Ecolier, or dans l'Education domestique, où il n'y a point de camarades, il n'y a point d'exemples de punitions & de malheurs arivés a des camarades par leur imprudence; huitiéme dèzavantaje.

9°. Il est impossible de voir son camarade loüé, recompensé publiquement pour son obéissance, pour son aplication, pour sa patience, pour sa genéroſité sans concevoir un nouveau dezir d'obtenir pareille recompense; or dans l'Education domestique l'enfant n'a ni le secours des bons exemples des ses camarades, ni le secours de leurs récompenses pour être porté à les imiter neuviéme dèzavantaje de l'Education domestique.

10. Dans l'Education publique on voit parmi ses pareils quantité de raizonemens faux, qui sont remarquéz & tournés en ridicule, la crainte d'être moqué augmente l'atention de l'Ecolier & cette atention augmente tous les jours la justesse de son esprit & de ses expressions.

Or dans l'Edcation domestique il n'y a point de pareils qui raizonent mal & dont on se moque, il y a dans l'Education publique plus d'ocazions de remarquer les raizonemens conséquens, & de les distinguer de ceux, qui ne le font pas: dixiéme dèzavantaje.

On ne peut pas empêcher les Ecoliers de se moquer quelquefois des défauts, & des fautes des uns des autres, & en ce cas la moquerie est une sorte de punition très propre à coriger de la présomption & de la vanité, cette o ection se peut facilement pratiquer & se pratique journellement entre camarades & pareils, elle ne se pratique

pour perfectionner l'Education. 77
point la ou il n'i a point de pareils : onziéme dèzavantaje.

11°. La contestation, la dispute entre camarades eguize l'esprit, le rend plus juste, fait faire des eforts pour montrer la verité, souvent sert à détromper d'opinions fausses & l'on rétient mieux ce qui nous a été contesté, ou ce que l'on a apris par la contestation, ces avantajes ne se trouvent point là ou il n'y a point de camarades : douziéme dèzavantaje.

12°. Ces prix, que l'on done publiquement à la fin de chaque anée dans l'assemblée générale du Colege en préfence des Étrangers au son des tambours, des timbales & des trompettes est une très belle invention & une sorte de triomfe publiq très bien inventé, mais il n'a pas été jusqu'à-prefent auſſi bien dirigé qu'il pouroit l'être puiſqu'il faudroit un prix pour le plus juste & le plus bienfaizant, & que ce prix pour les sentimens du cœur, fut le triple des autres prix, qui se donent aux productions de l'esprit ; troiziéme avantaje de l'Education des Coleges.

Je conviens qu'avec un Precepteur habile un enfant dans l'Education domeſtique poura faire plus de progrés du côté de l'eſprit & de la mémoire, mais que lui ſervira ce progrés s'il eſt plus fier, plus vain, plus préſomptueux, plus impatient, plus quereleur, plus défiant, plus menteur, plus incomplaizant, plus impoli, plus indiſcret, plus méprizant, moins ſociable, qu'il n'eut été s'il eut été élevé au Colege, où il y a beaucoup de pareils qui s'entrecorigent, & s'entrepoliſſent journellement & nécéſſairement les uns les autres dans leur comerce a peu près comme des caillous raboteux, ſe poliſſent & s'arondiſſent dans la mer par leur frotement journalier & reciproque.

Je croi que les chambrées ne doivent point être moins nombreuzes, que de ſix & plus nombreuzes que de huit compris le Prefet où Repetiteur, un Repetiteur ne ſufiroit pas a plus grand nombre pour faire les repetitions & pour veiller à entretenir la paix, le ſilence & ſur tout l'inocence, d'un autre côté ſi le nombre étoit plus petit il n'y auroit pas ſufizamment de

pour perfectionner l'Education. 79
quoi faire naitre l'émulation ni assez d'exemples de punitions & de récompenses.

De la il seroit aizé de démontrer que les enfans des Rois & des Princes pour être beaucoup mieux élevés devroient suivre l'exemple du grand Cyrus, qui profita si bien des avantages de l'Education publique, & peut-être que quelque Salomon Roi pacifique & Pacificateur de l'Europe fera un jour bâtir pour ses enfans, & pour les Princes de son sang, & pour la principale Noblesse un Colege dans le voizinage de son palais, pour les faire joüir jeunes de tous les avantajes des exercices publiqs en conservant dans son Colege, le Gouverneur & le Precepteur & autres Oficiers choisis de ses enfans, mais je fais plûtôt des vœux que je ne done de conseils.

De ces considerations un home sensé conclura facilement que l'Education que l'enfant prend dans les chambres comunes de sept à huit Ecoliers est de beaucoup plus préférable à celle qu'il prendroit à beaucoup plus grans fraîs dans une chambre particuliere.

Peut-être qu'avec un excelent Precepteur qui eſt un domeſtique très-rare, l'eſprit d'un enfant croitra un peu davantaje au Colege dans une chambre particuliere, & avancera plus du côtè des talens, mais il y a ſeurement beaucoup plus à perdre pour lui du côté des talens, des mœurs & des habitudes à la vertu, qui ſont les plus importantes au bonheur, car que ſert l'eſprit, que ſervent les talens à l'home impatient, inſociable, injuſte, menteur, fourbe, eſcroq, inpoli?

Ii perdroit du côté de l'émulation, du de l'habitude à côté la diſcipline, à la regle du côté de l'habitude à la patience, à la politeſſe, à la véracité, à la diſcretion, toutes habitudes que les Ecoliers prenent dans les chambres comunes.

Il y perdroit du côté des exemples de juſtice, de douceur & d'autres vertus recompenſées par les loüanges publiques du Prefet comun, il y perdroit du côté des fautes de pareſſe, d'opiniatreté, dinpatience, de colere punies par des blames, par des reproches où par des ridicules publiqs donés par le Prefet de la chambre comune.

L'enfant de la chambre comune s'acoutume plus à la vie dure, à vivre avec égalité, & à ne diftinguer fes camarades & à n'en être diftingué que par des qualitez eftimables & aimables, au lieu que l'enfant de la chambre particuliere eft plus fujet à être gaté par les refpects & par les complaizances de fes domeftiques, il a plus fes aizes, & s'acoutume à la moleffe & à la vanité, en un mot l'Education des chambres particulieres à une partie des dèzavantajes de l'Education domeftique.

Ce que l'on pouroit faire en confideration d'un Prince du fang, qui travailleroit dans une chambre comune ce feroit d'y mètre un Prefet mieux choifi, un domeftique de plus & des camarades choifis parmi les plus vertueux, mais toûjours chambre comune pour lui procurer le long du jour le grand avantaje d'une émulation perpetuelle.

CHAPITRE XIV.

Education des Filles.

Dans les Coleges comme Saint Cyr, ou dans les Monastères.

LE But de l'Education des filles est le même que le But de l'Education des garçons, les cinq moiens géneraux, où les cinq principales habitudes sont egalement propres pour réussir dans l'Education des filles, il ne s'agit que d'en faire l'aplication, mais il faut avouer que jusques ici ceux qui gouvernent les états n'ont pas imaginé combien les Coleges des filles étoient nécéssaires, & combien leur bone Education importe à la grande augmentation du bonheur de la societé.

Nous les negligeons dans notre police, comme si elles ne devoient pas faire la moitié des familles, comme si une mere de famille, qui par sa bone Education est dévenue prudente, douce, patiente, laborieuze, intelligente, gracieuze, économe, modeste, juste, bienfaizante, ocupée des soins de la premiere Education de ses enfans, & de la regle de son domestique, ne contribuoit pas incomparablement d'avantage à l'augmentation du bonheur de sa famille qu'une autre qui à cause de sa mauvaize Education devient vaine, fiere, impatiente, oisive, joueuze, dépensiere, d'une humeur aigre, dissipée, incomplaizante & uniquement ocupée de ses amuzemens.

Il est donq plus à propos, que chaque état done plus d'atention que par le passé à l'Education des filles, il nous manque bien des chozes pour faire de bons Coleges de filles.

Il seroit à souhaiter qu'il n'y eut de couvens de filles & de couvens d'homes que ceux qui par leur institution sont les plus utiles au prochain, sur les deux principaux articles, 1°. Les uns pour administrer les hôpitaux, 2°. les autres pour administrer les Coleges.

En général quand l'Education des garsons sera bien rectifiée il sera aizé d'en comprendre beaucoup de choses pour rectifier celle des filles.

Ces persones bien élevées dé l'un & l'autre sexe se touveront a la tête de toutes les familles un peu considérables de l'état, soit dans les campagnes, soit dans les villes, soit dans la ville capitale, soit à la cour, or ce seront ces Chefs de familles, qui auront passé leur premiere jeunesse dans les Coleges, qui par leurs exemples & par leurs discours instruiront sans y penser leurs domestiques, qui deviendront eux-mêmes péres & méres de familles, parmi le peuple, & qui doneront ensuite la premiere Education à leurs enfans.

C'est ainsi que la lumiere & la raizon passeront quoique lentement, mais incessament de familles riches au bas peuple, qui n'a pas les moyens d'aler chercher cette augmentation de raizon dans les Coleges, ainsi la raison du peuple croitra plus prontement à mezure que la raizon de la jeunesse riche se perfectionera dans les Coleges & dans les couvens, le peuple aura ainsi dans un grand Royaume, cinq où six cens mille Chefs de familles bien elevés, dont il aprendra que pour éviter les malheurs, & pour obtenir les biens tant de la vie presente que de la vie future, *il ne s'agit que d'imiter Dieu dans sa bienfaizance.*

Si le fameux Colege de Saint Cyr étoit perfectioné il est évident, qu'il seroit de l'utilité publique, qu'on y reçut des externes riches d'abord en petit nombre jusqu'à ce que l'on eût doné ordre à l'augmentation des logemens, des meubles, & du nombre des Regentes des nouvelles classes, des gouvernantes des chambres. On prendroit ensuite un plus grand nombre d'externes, & peut-être qu'un jour ce seroit un Colege de cinq cens filles, & que les Princesses acompagnées de leurs Gouvernantes y seroient beaucoup mieux elevées que par tout ailleurs par les raizons que j'ai dites en faveur de l'Education des Coleges contre l'Education domestique.

Ce seroit un grand avantaje pour un grand Royaume que de posseder un pareil modele d'Education, je ne dezespere pas de faire un memoire exprès pour montrer d'un coté combien une meilleure Education de femmes augmenteroit le bonheur de la societé, & de l'autre pour doner quelques moyens de reuſſir à cette Education, mais dans la crainte où je ſuis de n'avoir pas le loiſir d'executer mon deſſein il ma paru qu'il valoit mieux en dire ici quelque choſe que de n'en rien dire du tout.

CHAPITRE XV.

Concluſion de la premiere partie.

JUſques ici je n'ai fait proprement que montrer le but ou nous devions tendre dans l'Education des garſons & des filles, je n'ai fait qu'expoſer & expliquer aux miniſtres d'état & aux Adminiſtrateurs des Coleges les cinq moiens géneraux, où les cinq habitudes les plus propres pour ariver à ce but, j'ai regardé comme une choſe capitale de doner à chacun de ceux qui auront à l'avenir une forte d'inſpection ſur l'Education de la jeuneſſe cinq regles, avec lesquelles ils puiſſent juger avec ſeureté s'ils vont au but par la ligne la plus droite, où s'ils s'en écartent en donant plus d'heures à fortifier les habitudes, les habitudes les moins importantes, au lieu de les employer à fortifier les habitudes les plus importantes.

Juſqu'ici je n'ai pretendu démontrer autre choze ſinon que ſi le gouvernement de notre Nation regardoit comme une afaire de la plus grande importance le ſoin de mieux faire élever les enfans dans les Coleges & dans les Convens, qu'ils ni ſont élevés ils déviendront en peu de tems en homes & en femmes les modeles des autres nations de l'Europe, & par conſequent du reſte de la terre tant pour l'aquiſition au plus haut degré de beaux ſentimens de cœur, que pour l'aquiſition au plus haut degré des belles qualitéz d'eſprit.

Ces obſervations générales & ſpeculatives devoient précéder les obſervations moins generales, & de pratique qui doivent compoſer la ſeconde partie.

SECONDE PARTIE,

Observations moins generales & de pratique.

OBSERVATION I.

Necéssité d'un Bureau pour l'Education.

Il faut un Bureau perpetuel pour diriger perpetuellement l'Education de la jeunesse sous la direction du Ministre, qui aura dans son département la police génerale de l'état.

1°. L'etablissement de ce Bureau est un moyen géneral pour perfectionner l'Education, & il est géneral parcequ'il renferme tous les autres moyens particuliers, qui sont, & qui seront proposés dans chaque regne.

2°. Les Regens qui auront plusieurs anées d'experience, & qui se seront distinguéz dans leur profession pouront

pouront doner à examiner au principal Officier du Colege leurs observations pour perfectioner la pratique de Education & les principaux officiers doneront à examiner au bureau celles de ces observations qu'ils aprouveront.

Mais il est vizible, qu'il faut un Bureau, un conseil, qui soit le centre de ces observations, & qui ait le pouvoir de les rectifier, & ensuite de les autorizer par des statuts, afin de perfectioner tous les jours cette partie de notre police, & de faire observer autant qu'il sera possible l'uniformité dans tous les Coleges du Royaume pour les pratiques, qui auront été démontrées come les meilleures.

Cette matiere est si importante pour la felicité des homes en géneral, & de chaque nation en particulier que je croi, que les membres de ce conseil, qui seront choisis par scrutin au nombre de dix où douze, ne doivent gueres surtout dans les comencemens avoir d'autres afaires à regler, ils seront les premiéres anées assés ocupés à former & à rectifier les statuts, à faire perfectioner tous les ans les li-

H

vres de chaque claſſe, à augmenter les fonds de Coleges à ſoutenir ceux qui démanderont la nouvelle metode, & à faire recompenſer ceux qui travailleront le plus utilement à ce grand établiſſement.

OBSERVATION II.

Repetitions journalieres pour faciliter les cinq habitudes.

IL eſt à propos que le Regent ne paſſe point de jour, s'il eſt poſſible, ſans faire pratiquer à quelques-uns de ſes Ecoliers en preſence des autres quelques actes des quatre premieres habitudes, où du moins qu'il ne leur faſſe faire quelques reflexions & quelques obſervations ſur chacune d'elles.

Si je recomande tant ces quatre premieres habitudes, qui conſernent la mémoire, les langues, les arts & les ſciences, c'eſt qu'a l'égard de la cinquiéme, nos Regens en ont fait juſqu'ici le capital de l'Education, ainſi ils n'ont garde de l'oublier.

pour perfectionner l'Education.

La repetition des actes & des réflexions forme peu à peu, l'habitude & ces repetitions, quand elles sont frequentes, diversifiées, acompagnées de choses, qui tombent sous les sens, & lorsqu'elles durent plusieurs anées, forment peu à peu des habitudes, qui passent insensiblement en nature.

Si nous voulions examiner ce qui cause en nous ces penchans que nous apelons naturels, ces aversions, que nous apelons naturelles, nous verrions qu'elles influent extremement sur notre conduite, & qu'elles ne sont fortes qu'aproportion de la répetition des actes.

Notre Education s'est tournée malhureuzement presque toute entiere à l'exercice de notre mémoire vers l'acroissement de la connoissance des langues, des arts & des sciences, sans songer que la vertu est incomparablement plus importante pour le propre bonheur du vertueux, & pour le bonheur de ses Concitoyens, il est vrai, qu'il faut plus d'esprit dans les Regens pour bien exercer le cœur sur les diférentes vertus, que pour bien exercer l'esprit sur les diférentes connois-

H ij

sances, mais ils pouront en venir à bout tantôt par des histoires où l'on peindra avec force les actions vertueuses, & avec horreur les actions méchantes & injustes, tantôt par des fictions ou l'on réprésentera par des espéces de scènes certains traits d'histoire, tantôt en faisant exercer la patience, la justice, la générosité des Ecoliers, & en donant des loüanges publiques à ceux qui ont mieux fait que les autres & en blamant publiquement les turbulens, les menteurs, les brutaux.

Il faut les exercer particuliérement sur la premiére regle de l'équité naturèle, *Ne faites point contre un autre ce que vous ne voudriéz pas qu'il fit contre vous, suposé que vous fussiez à sa place, & qu'il fut à la votre, & cela depeur de déplaire à Dieu.*

Il faut, que le Regent, qui a reçü des plaintes, aprene à l'ofensé, qu'il valoit mieux soufrir sans se plaindre, & cependant qu'il reprene l'ofenseur, & quand l'ofense est considérable qu'il la fasse juger par sept de leurs camarades en sa présence & conformement à cette premiére regle.

pour perfectionner l'Education. 93

Certe leſſon eſt toute des plus importante dans l'uzaje, ainſi l'on ne ſauroit trop la repeter, & la faire trop ſouvent pratiquer dans l'enfance & dans la premiére jeuneſſe.

Il faut inventer ſur tout les récompenſes honorables, pour honorer & loüer les actions de vertus les plus dificiles, & les plus utiles aux autres telles, que ſont les actions de patience dans les injures.

Il faut faire remarquer en toutes maniéres aux enfans, que ceux qui excelent dans la juſtice & dans la bienfaizance ſont encore plus dignes de loüanges, que ceux qui excelent en mémoire & en intelligence, ainſi il faut doner les places de la claſſe, par raport à la vertu, il faut que ces places durent au moins trois quarts plus que celles, qui ſe donent à la gloire, qui naiſt de la ſuperiorité d'intelligence.

Les défauts les plus comuns ce ſont les impatiences, les injures, les menteries, les médizances, les petites calomnies, ces défauts ne ſauroient être trop exactement remarquez dans leur naiſſance, & trop fortement reprimez par les maîtres & ces leçons qui regardent la conduite des uns à l'égard des autres font incomparablement plus importantes, que des leſſons qui regardent les langues, les ſiences & les arts, & à dire le vrai, quel plaiſir me fait à moi l'Ecolier ſuperieur en memoire où en intelligence ? Mais je n'en dirai pas de même de l'Ecolier mon camarade ſuperieur en douceur, en politeſſe, en complaizance, en liberalité, en patience, ces vertus dans mon camarade me font grand plaiſir le long des mois, le long des anées.

Les enfans ne retienent les faits des langues, des arts & des ſiences, qu'à force de repetitions faites en diferentes manieres, & en diférens tems, ainſi il faut leur faire repeter en abrejé en un jour ce qu'ils ont apris en une ſemaine, il faut qu'ils repetent en un autre jour mais plus en abrejé & quelquefois par queſtions & réponſes le capital de ce qu'ils ont apris en quatre ſemaines.

Il faut ſur tout que les choſes nouvelles, qu'ils aprenent, tienent autant qu'il eſt poſſible à celles, qu'ils ont anciennement apriſes, afin qu'ils ayent ocaſion de s'en renouveler la mémoire

pour perfectionner l'Education. 95

Il faut que le même, qui interoge en publiq, soit lui même interogé par le repondant, & que la dispute les reveille & imprime les chozes plus profondement dans la mémoire.

Comme il faut dèz la plus basse classe doner les premiéres idées de toutés les conoissances, il arivera souvent qu'en avansant de classe en classe, on repetera dans la plus haute classe quelque chose de ce, qui a été enseigné dans toutes les classes précédentes.

OBSERVATION III.

Répetition des Motifs.

POur rendre les enfans atentifs il faut que chaque jour ils entendent quelque chose des motifs de leurs exercices, il faut qu'ils comprenent peu à peu, que c'est ou pour les rendre, ou plus heureux, ou moins malhureux soit en cette vie soit en l'autre, il faut leur expliquer ces motifs, les leur faire sentir en cent manieres diférentes souvent en passant, souvent exprés, car les enfans non plus que les hommes, ne font rien que pour augmenter leur bonheur où présent, où avenir.

La diference de la conduite d'un enfant du Colege à ce même enfant devenu homme c'est que dans l'enfance faute d'experience, il fait trop de cas du plaisir présent, & de la peine présente, il fait trop peu de cas des plaisirs & des peines avenir ; or c'est cette erreur, cette illusion qu'il faut coriger peu à peu dans les enfans en fortifiant en eux par des frequentes repetitions les motifs les plus puissans & les plus raizonables des actions humaines.

Mais le poinct principal est de lier par la répetition leurs idées les plus importantes, il faut par exemple leur representer souvent, que Dieu étant l'Auteur de leurs plaisirs actuels, il est juste de l'en remercier comme de bienfaits actuels, qu'ils réçoivent actuellement, il faut lier ainsi insensiblement l'idée du bienfait à l'idée du bienfaicteur, l'idée du plaisir, à l'idée de l'auteur du plaisir, afin que par

recon-

reconoiſſance ils cherchent pour lui plaire les ocazions de faire plaiſir aux autres, & qu'ils puiſſent lier étroitement l'idée du Paradis à toutes les actions de bienfaizance, c'eſt la liaizon étroite de ces idées, qui eſt proprement le poinct le plus important de l'Education.

OBSERVATION IV.

Il ne faut pas trop d'Ecoliers pour un Regent.

JE n'ai pas aſſéz d'experience des Coleges pour ſavoir combien un maître peut exercer d'Ecoliers, pour les bien exercer tous, & pour leur faire faire un grand progréz en peu de mois, mais j'ai du penchant à croire, qu'il ne ſauroit en bien exercer qu'environ cinquante ou ſoixante dans ſa claſſe, il faut même encore dans chaque chambre un Répetiteur ou Precepteur ou Préfet.

Ces Répetiteurs doneront même quelquefois la comiſſion aux plus habiles Ecoliers d'exercer & de faire repeter les moins habiles.

Il faut dans un Colege nombreux plusieurs Regens d'une même classe, & par consequent plusieurs sales d'exercices, ou plutôt il faut quelquefois partager un même Colege en deux sur tout si chaque classe est de plus de six vint.

Il faut laisser deux ans dans la même classe les esprits lents & peu intelligens, afin qu'ils ne perdent pas leur tems dans une classe superieure, où ils n'entendroient prèsque rien.

OBSERVATION V.
Amour pour la distinction précieuse.

CEux qui ont eu inspection sur les Coleges, ont bien aperſu combien le dèzir de surpasser ses pareils, & d'être plus estimé qu'eux pouvoit faire faire des efforts soit d'aplication, soit de patience aux Ecoliers pour mieux réussir que les autres, & c'est pour cela, que dans la plupart des Coleges on a si sajement

pour perfectionner l'Education. 99
inventé la diférence des places dans les claſſes & même des noms honorables d'Empereurs, de Conſuls &c. noms de ſuperiorité & d'honneur.

Mais il me paroit, que le reſſort de l'émulation peut-être beaucoup perfectioné en multipliant les diſtinctions 1º. quant à la forme, 2º. quant au diſcernement entre la gloire moins précieuze, & la gloire la plus précieuze, en mètant de la diférence entre les marques de diſtinction & de ſuperiorité; par exemple, il vaut beaucoup mieux ſurmonter ſes camarades en patience, en juſtice, en géneroſité en bienfaizance dificile qu'en intelligence dificile, il faut de même préferer la juſtice à l'amitié &c. auſſi faut-il faire remarquer ces diferens prix aux enfans par la diférence que les Regens mettront entre les diférentes marques d'honeur.

Il ſeroit bon que le dernier mois de chaque anée les Ecoliers de la même claſſe choiſiſſent par ſcrutin entre eux 1º. Le plus juſte, qui craint le plus d'ofenſer; 2º. Le plus bienfaizant qui pardone le plus genereuſement, & que le Regent choiſiſſe.

I ij

3°. l'esprit le plus juste & le plus intelligent, 4°. la memoire la plus sure & la plus étendue, qu'ils ayent chacun une marque exterieure sur leur habit, qui dure tout ce dernier mois jusqu'au scrutin du mois suivant; il pouroit même quelquefois ariver que le même Ecolier pouroit avoir les quatre marques d'honeur.

Il y auroit aussi tous les autres mois quatre prix semblables ou marques d'honeur, deux pour les deux principales qualitez du cœur, justice & bienfaizance, & deux pour les deux principales qualitez de l'esprit, justesse & mémoire, on les porteroit tout le mois.

Le scrutin se feroit devant le Regent & devant deux Précepteurs ou Préfets de chambres, qui interdiroient de voix active & passive, quiconque auroit cabalé ou fait cabaler, si la cabale étoit sufizamment atestée devant les trois Comissaires.

Le scrutin des prix de la fin de l'année s'ouvrira sur le teatre même afin que le secret soit gardé jusques là & nul Ecolier ne dira de quel avis il a été ni n'interogera sur cela son cama-

pour perfectionner l'Education.

radé, sous une peine sufizante qui sera publiée.

Les prix du dernier mois de la fin de l'anée seront la même fleur, mais brodée plus en grand que les autres mois ; on marquera ainsi aux enfans, par la diférence de l'or d'avec l'argent combien les belles qualitez du cœur sont préférables aux belles qualitez de l'esprit.

Je ne fais qu'indiquer quelques détails de recompenses honorables, d'autres supleront aux autres, & perfectioneront ceux ci, je les trouve beaucoup plus importans, qu'ils ne paroissent, puisque ce seront les ressorts d'un très grand progrèz, que feront chaque anée tous les Ecoliers de tous les Coleges du Royaume dans les talens, & dans les vertus.

C'est l'examen qui fait croitre l'esprit, & les efforts dans l'exercice rendent l'esprit plus ouvert & plus fort; or sans émulation nuls éforts; on tombe au contraire dans la paresse, dans le dégout, dans la langueur.

L'esprit humain a un avantage c'est qu'il ne vieillit pas tant que le corps & qu'il se fortifie même toûjours un peu du moins quant à la justesse, dont l'habitude se fortifie par la répétition des raizonemens justes, & par de nouvelles concluzions, que nous tirons de tems en tems de nos réflexions.

Nous avons à reprimer les passions pour les plaisirs des sens, dont l'excès est si préjudiciable à l'homme & à la societé, nous avons pour en arêter la fougue la crainte de la honte, & l'esprit de la loüange, ainsi on ne sauroit trop pour l'utilité publique, augmenter dans l'Education des enfans, leur gout pour les loüanges, on ne sauroit trop augmenter en eux l'aversion pour la honte par les diférentes punitions honteuzes, pourvu qu'on fortifie à mezure en eux le discernement pour conoître la bone gloire, qui tend toujours à l'utilité des autres, & pour la distinguer de la mauvaize gloire de l'homme vain, qui ne tend qu'à son utilité particuliere.

Il faut par consequent leur doner une regle pour discerner les actions fort blamables d'avec celles qui sont moins blamables.

Cette regle c'est le plus ou le moins.

pour perfectionner l'Education. 103
de préjudice ou de déplaisir, qu'en soufrent les autres & le plus grand nombre des autres.

De même la regle pour distinguer les actions les plus vertueuzes des moins vertueuzes, c'est le plus ou le moins de plaisir & d'utilité, qui en rezulte pour les autres & pour le plus grand nombre des autres, en supofant égalité dans les motifs, & dans les dificultés surmontées.

Peut-être que l'on trouvera à propos, de doner quelquefois durant une semaine une marque honteuze au plus impatient, au plus injuste, & cela au scrutin.

On done tous les mois dans les Coleges d'aujourd'hui les places distinguées pour les Ecoliers, qui se distinguent par leur superiorité ou en memoire ou en intelligence, je voudrois, que ces places ne fussent ocupées qu'une semaine par mois par ceux qui se distinguent du côté de l'esprit, & doner ces mêmes places pour trois semaines à ceux qui ont obtenu le prix de la justice, & le prix de la bienfaizance, & sur tout par la patience, qui fait une partie principale de la bienfaizance.

La superiorité d'intelligence seroit decidée par le Regent, mais la superiorité de vertu seroit toûjours decidée par la voix du scrutin entre les Ecoliers de la même classe.

Plus on est enfant plus on agit par le sentiment présent, ou de plaisir, ou de peine, sans considerer les peines futures que produira le plaisir actuel, ni les plaisirs futurs que produira la peine présente, c'est cette consideration que l'on apéle *Raizon*.

Plus la sensibilité est grande, & moins on a d'experience, plus on agit par passion pour le présent, & moins on agit par raizon pour l'avenir ; c'est à-dire par la considération des plaisirs, que l'on se procurera ou des peines dont on se prézervera.

Il faut donq pour gouverner les enfans avoir recours à la crainte des peines présentes pour les faire agir sans plaisir, & même contre leur gout, mais conformèment à la raizon & à leur interêt réel.

Depuis 7. ans jusqu'à 12. les enfans font vint fois plus d'actions par la crainte des peines présentes, que par raison, c'est-à dire que par la crainte des peines éloignées, & incertaines, ou par l'efperance des plaifirs éloignés & douteux, ils ont encore trop peu d'experience pour juger, que c'eſt leur aplication préſente & pénible, qui doit leur procurer un jour beaucoup d'agrémens.

Depuis 12. ans juſqu'à 18. la raizon s'eſt fortifiée, mais la crainte des punitions contribue fort encore dans l'Ecolier à lui faire faire dix fois plus d'actions raizonables, que l'efperance de la recompenſe, & ſur tout à l'égard des caractéres indociles, & dont la ſenſibilité eſt ou trop grande ou trop petite.

Il faut diverſes éſpéces de punitions, ſelon le caractére des Ecoliers, aux uns qui aiment la ſocieté, ce ſera la prizon, aux autres qui craignent la honte, ce ſera un reproche publiq, un ridicule publiq, une marque publique honteuze durant quelques jours, ce ſera de même une louange publique donée par leur Regent, qui ſera regardée comme une grande récompenſe.

OBSERVATION VI.

Diriger la curiofité vers la plus grande utilité.

LE dèzir d'aprendre, le dèzir des conoiffances nouvelles, le dèzir de conoitre plus de faits, plus de parties des arts & des fiences eft un gout naturel, qu'on apele curiozité, mais quand on dèzire ces conoiffances nouvelles dans l'efperance d'être diftingué de ce coté là entre fes pareils, ce n'eft plus fimple curiofité, c'eft pur dèzir de diftinction.

On m'a parlé d'un home qui favoit quatorze langues, & d'un autre, qui favoit prononcer & écrire le Pater en vint deux langues; fi ces gens la s'en croient beaucoup plus éftimables, ils fe trompent lourdement, cela prouve au contraire que le tems qu'ils auroient pû emploier à aprendre des conoiffances utiles, ils l'ont emploié folement à retenir des mots & des frazes très inutiles.

Il est très à propos, que le Regent excite la curiozité de ses Ecoliers pour certaines conoissances quelques jours avant que de les leur enseigner; mais c'est particuliérement en leur en montrant la grande utilité, soit par raport à eux, soit par raport au bien publiq.

Une curiozité immoderée pour les choses rares & peu utiles, est un vice & un ridicule, car c'est mètre un haut prix à des conoissances de très peu de valeur.

La curiozité pour être éstimable doit donq être mezurée par l'utilité & non par la rareté des conoissances, que l'on veut aquerir, j'en ai parlé dans un memoire separé.

OBSERVATION VII.

Diferences des punitions & des récompenses.

JE demande, que par les degrés que l'on mètra entre les diferentes récompenses, & entre les diférentes punitions on fasse conoître évidemment aux enfans la diference entre les fautes, la diference entre les bones actions, la diference entre les livers talens, cela demanderoit un grand détail, que d'autres feront un jour mieux que je ne pourois faire.

Les enfans ont asséz de raizon pour voir ce qui est convenable, ce qui est plus ou moins éstimable, ainsi on peut leur faire entendre peu à peu dèz onze ou douze ans les raizons des diferences de ces punitions & de ces recompenses & des autres statuts de la discipline du Colege.

J'observerai encore une chose importante sur la loüange & sur le blame, il faut autant qu'il est possible, lorsqu'on blame l'enfant de quelque chose, le loüer un peu de ce qu'il a fait de loüable ; de même lorsqu'on le loüe, il faut le blamer un peu de ce qu'il a fait de blamable ou de moins loüable, cela lui prouve que ce n'est pas par humeur, par chagrin, par venjance, par prévention, mais par raizon qu'on juge de ses actions, cette pratique lui done beaucoup plus d'atention pour meriter les loüanges rai-

pour perfectionner l'Education.

sonables, & pour éviter, ce qui est blamable.

Blamer en publiq les actions très-blamables & en particulier les actions moins blamables, come sont les imprudences, il faut faire sentir, & souvent aux enfans les diférens dégrés du loüable, & du blamable, & c'est un des poincts les plus importans de l'Education.

Si l'on uze quelquefois & avec apareil de la peine du *talion*, on fera plus sentir aux enfans ofenseurs la grandeur de l'ofense.

Nous n'avons pas assez inventé de degréz de punitions pour les diférens dégréz de fautes, & cependant c'est par ces diférens degréz de punitions, que l'on fait mieux sentir aux enfans le dègré de grandeur dans les imprudences où ils tombent, & dans les injustices qu'ils cometent, il faut, que les punitions ayent leurs dégréz comme les récompenses, ainsi il faut un apartement de corection, une prizon dans un Colege, & un Préfet exprès de cet apartement, home habile pour faire metre à profit le tems de la corection; nous n'avons pas encore mis en œuvre autant que nous le pourions le reſſort de la honte, du mépris, du ridicule entre pareils.

Le Prefet de l'apartement de corection aura ſoin de faire comprendre autant qu'il poura à l'enfant le degré d'imprudence ou d'injuſtice de la faute, pour laquelle il eſt puni, & cela par raport à ſon vrai interêt & à la juſtice qu'il doit aux autres, il faut employer ce tems d'ennui dans la prizon à le remètre doucement dans la voye de la raizon ; je ne ſai s'il ne ſeroit pas à propos, que l'Ecolier y fut gouverné & dirigé par deux Préfets d'un caractére opoſé, le premier un rhadamante ſevere & auſtere, le ſecond ferme mais qui ait des maniéres douces.

Dègrés de fautes 1°. oubli, 2°. imprudence, 3°. dèsobéïſſance formelle, 4°. opiniatreté, 5°. injuſtice & puis dégréz de tort & d'injuſtice.

OBSERVATION VIII.

Les minuçies en grand nombre & néceſſaires pour ariver à un but important déviennent elles mêmes importantes.

IL faudra pour les punitions, pour les recompenſes, & pour la diſcipline des Ecoliers entrer dans beaucoup de minuçies.

En general tous les arts, toutes les ſiences ſont compoſées de petites parties; il y a beaucoup de minuçies, de petites minuçies, & cependant ſans ces minuçies, ſans ces petites minuçies point d'arts, point de ſiences.

Il eſt bien aizé de ſe moquer du ſerieux, que l'on aporte, ou à l'obſervation, ou au comandement des minuçies, les eſprits ſuperficiels ne voyent pas que c'eſt de l'obſervation du détail de ces minuçies, que dépend originairement la grande perfection d'un grand art, d'un art très-important.

l'art de la guerre n'est il pas composé de petites parties ? Dans le détail de l'Infanterie, par exemple, dans le détail de la Cavalerie, dans le détail des fortifications, dans le détail des vivres, &c. Les ignorans ne voyent pas dans l'Education l'importance des minucies, & cependant de l'Education d'un enfant dépend le bonheur ou le malheur du reste de sa vie, & de l'Education de tous les enfans d'un Royaume, dépend le bonheur où le malheur futur du Royaume entier.

Si quelqu'un railloit les financiers & les soufermiers de ramasser sérieuzement des sous, de petites piéces de cuivre, & s'ils ne ramassoient efectivement que les somes de cent francs, & au dessus ils ne ramasseroient pas le quart des revenus du Roi, prèsque toutes les tailles, prèsque tout le revenu des aydes, presque tout le revenu de la gabelle, presque tout le revenu des entrées se payent dans leurs sources en tres petites parties de cuivre & d'arjent, mais en grand nombre, & c'est le nombre prodigieux de ces très petites parties, de ces petites minuties, qui forment la principale force de l'état, une minuçie qui devient source de quelque talent, de quelque défaut confidérable pour un grandnombre d'homes importans n'eft plus une minuçie.

Une minuçie qui eft feule, n'eft qu'une minucie de peu de confidération ; mais fi vous négligiez cinq cens mille minuçies de cette efpéce, cette négligence dévient très confidérable ; or l'efprit fuperficiel ne voit la minuçie, que comme minuçie dans un enfant, & ne la voit pas come fource néceffaire d'un grand talent, d'un grand vice, il ne voit cette minuçie que dans trois ou quatre fujets, & dans un Colege, & fon efprit n'eft pas affez grand, fa veüe n'eft pas affez étendue, pour voir cette même minuçie en trois ou quatre cens mille fujets dans l'état.

Dans l'Education il y a des minuçies qui tienent le même rang que tienent dans les finances les deniers, les fous, les livres, les piftoles, une piftole eft une minuçie, une fomme de cent piftoles n'eft plus une minuçie, un fou eft une grande minuçie, deux milions de fous ne font plus une minuçie.

OBSERVATION IX.

Emulation entre Coleges.

IL est très important d'exciter l'émulation entre particuliers, & par consequent, il est très important d'exciter l'émulation entre societé & societé, entre corps & corps, entre Colege & Colege e reste à trouver les moyens de pouvoir faire la comparaizon du succès de l'Education d'un Colege d'un ordre au succès d'Education d'un Colege d'un autre ordre, cela ne m'a pas paru aizé à trouver sur tout à l'égard des habitudes vertueuzes, qui sont les habitudes les plus importantes, quelqu'un plus habile que moi les trouvera.

OBSERVATION X.

Même Regent pour la même classe.

1°. LE poinct principal dans l'Education c'est de perfectioner les

pour perfectionner l'Education. 115
métodes, en les rendant plus claires, plus abrejées, plus faciles, plus proportionées à chaque classe; or il paroit, que le même home qui s'aplique le long de l'anée à étudier la portée d'esprit d'une certaine classe, d'un certain âge fera plus de bones remarques en dix ans sur la maniere d'enseigner aux esprits de la même portée, que s'il ne revenoit dans la même classe que huit ou dix ans après pour y passer un an.

2°. Il est vrai, qu'un bon Regent ou de fizique ou de politique seroit bon Regent de la classe de neuf à dix ans, mais souvent un bon Regent de cette classe de dix ans ne seroit pas bon Regent de la classe de 15. à 16. ans.

3°. Il paroit que les Ecoliers & le Regent redoublent d'atention les uns pour aquerir l'éstime du nouveau Regent, & l'autre pour plaire aux nouveaux Ecoliers, ce qui tourne au profit des uns & des autres.

4°. Si par l'experience on trouve qu'il sera plus utile aux Ecoliers, que ce soit le même Regent, qui les conduise durant les quatre premiéres classes j'y souscris, mais jusqu'ici je crois que l'experience confirmera mon opinion.

OBSERVATION XI.

Diversité dans les Sujets à enseigner.

Plus les enfans ont de plaisir lorsqu'ils aprenent, plus ils retienent, & plus leur intelligence fait de chemin sans se lasser ; or plus les Regens diversifient les matieres, plus ils procurent de plaisir aux Ecoliers.

Cela me fait croire, que dans les plus basses classes on peut leur aprendre quelque choze de general, & de superficiel de tous les arts, de toutes les siences, dont ils aprenent davantage dans la classe superieure, cette metode sert non seulement à procurer la diversité, si agréable à l'home, mais elle sert encore à la répetition insensible, si importante aux enfans, pour fortifier leur memoire, & pour mieux lier leurs idées.

OBSERVATION XII.

Arts diferens dans le Colege.

IL dévroit y avoir dans l'enceinte du Colege des outils de diferentes sortes d'arts les plus nécessaires à la societé, ou plutôt il faudroit au tour du Colege des boutiques d'ouvriers, car il est aussi digne de la curiozité des homes de conoître les arts principaux, que les principales siences, ainsi il en faudroit pour les moulins, pour la boulangerie, pour la tisserandrie, pour l'Imprimerie, pour l'orlogerie, pour la navigation, pour l'agriculture, pour le jardinage ; il faut avoir des instrumens de musique, de matematique &c. Les enfans aiment toutes ces chozes, & demandent à comprendre l'uzaje de tout ce qu'ils voyent, ainsi il faut un home exprès qui fasse mouvoir ces diférentes machines à mezure qu'on les leur montre.

On peut les mener dans les sales, où dans les greniers, où dans les jardîns aux heures de recreation, & leur faire mouvoir à eux mêmes quelques-uns des inftrumens, & un autre jour à une autre fale, ou bien leur aprendre quelque chofe de nouveau du même métier, car comme il y a falu beaucoup d'efprit pour avoir inventé tous ces inftrumens, auffi y a-t-il beaucoup à profiter pour l'intelligence à en conoître l'uzaje, & à en comprendre la grande utilité?

Il ne faut pas, que les enfans fortent du Colege fans favoir quelque chofe des arts les plus comuns, & même fans favoir quelque chofe des remedes les plus comuns, & des manieres de fe guerir des petites bleffures & fans conoître quelque chofe de la procedure & de la jurisprudence, dont ils auront tant de bezoin.

OBSERVATION XIII.

Partajer les Exercices des Claffes.

LE plus dificile dans la pratique c'eft de partajer les exercices de chaque anée & de chaque mois des huit ou neuf

pour perfectionner l'Education.

claſſes comunes, & même les exercices de chaque ſemaîne, en ſorte que tout cet éſpace ſoit rempli autant qu'il eſt poſſible, non ſeulement des pratiques vertueuzes qui regardent le cœur, mais encore des conoiſſances les plus utiles, qui regardent l'eſprit.

Je voudrois bien voir un projet d'une pareille tablature pour y faire mes obſervations, je voudrois voir dans ce projet les exercices de telle & telle claſſe pour telle ſemaine, de tel mois, ſur telle & telle habitude, & par conſequent, ſur telle vertu, ſur telle ſience, ſur tel art, &c.

Voici dans l'obſervation ſuivante les chozes principales, ſur leſquelles il faut former ce partaje.

OBSERVATION XIV.

Sujet pour les exercices journaliers, ſur les quatre premieres habitudes.

IL y a des exercices *journaliers*, il y a des exercices qui ne ſont que ſemaniers, la tablature pour chaque claſse les distinguera les uns des autres, c'est un essai de pareille tablature divizée par mois, par semaine, par jours, que je serois fort aize de voir formée par quelque grand esprit éclairé par l'experience des Coleges quant même ce ne seroit qu'une ébauche.

1o. Il faut un peu de tems par jour pour les exemples des malheurs arivéz aux imprudens soit par intemperance, soit par dèzobeissance, soit par colere. Les histoires fourniront ces exemples, mais ceux qui seront tiréz des Ecoliers du Colege feront beaucoup plus d'impression.

2o. Un peu de tems par jour pour les exercices qui doivent servir à discerner la gloire de la vanité, la distinction la plus précieuze de la moins précieuze, sur le vrai & faux ridicule, sur le plus ou moins honteux... ces instructions, ces exemples, ces pratiques seront diférentes selon les diferentes classes & selon le mois de chaque anée.

Il y aura de ces exercices qui se feront en publiq, c'est-à dire en pleine classe ou l'on a plus d'atention, ce seront particulierement les exercices, qui

qui regardent la juſtice, & la bienfaizance, qui ſont les habitudes les plus importantes ; il y aura d'autres exercices qui ſe feront dans la chambre, par exemple, pour aprendre à bien écrire, à bien chifrer, à bien calculer, il y aura quelque repetition le ſoir de ce qui a été dit le jour en claſſe.

3°. Un peu de tems de chaque jour pour les exercices qui doivent faire conoître, toutes les injuſtices, tous les diférens dégrez d'injuſtice, & particulierement ſur les motifs qui doivent faire éviter les injuſtices, liſte des injuſtices, exemple des malheurs cauzez par les injuſtices pris dans l'hiſtoire anciene & moderne.

4°. Un peu de tems de chaque jour pour les exercices de bienfaizance, diſputes, ſcénes, lectures, recitations, liſtes ſur les parties de la bienfaizance, exemples de la bienfaizance récompenſée.

5°. Un peu de tems de chaque jour pour exercer ſur tout la patience envers ſes pareils, principale partie de la bienfaizance, malheurs cauzés par l'impatience, récompenſes de la patience.

6°. Un peu de tems par ſemaine pour

juger les delinquans, & les coupables de certaines injustices.

7°. Un peu de tems par mois pour juger par scrutin, celui qui doit avoir la place de plus juste.

8°. Exercices journaliers de Religion 1°. sur la crainte & sur l'esperance religieuze. 2°. Veritéz speculatives à croire, formule de profession de foi & explication. 3°. Injustices à éviter de peur de déplaire à Dieu, & d'être condané à l'enfer. 4°. Bienfaizance à exercer, & sur tout, actes de patience religieuze, & de pardon des injures pour plaire à Dieu, & pour obtenir le Paradis ; montrer ces actes preferables de beaucoup aux longues priéres, & aux cérémonies religieuzes, à cauze de la plus parfaite imitation de Dieu pardonant & bienfaizant.

9°. Exercices des scénes vertueuzes selon les diférentes classes, faire écrire & repeter quelques endroits de ces scénes dans la chambre.

10°. Lecture des Romans vertueux, en faire conter & écrire quelques endroits dans la chambre.

— Je mets au nombre des Romans vertueux, politiques & moraux, les Voyages de Telemaque de M. Fenelon Archevêque de Cambrai; il faut que ces Romans soient les uns pour les basses classes, les autres pour les hautes; ils faut qu'ils contienent plus souvent des vertus récompensées, & des vices punis.

11°. Lecture des vies des grands homes ou des grands Saints, apropriés à chaque classe, en conter, en écrire quelques endroits, leurs réponses; quelque chose de propre à former une scène ou l'on fasse parler le principal personage avec action après la peinture, ou le recit, qui amene une situation interessante, ou le spectateur soit ému de crainte. Les scènes font toute autre impression que les recits simples.

12°. Exercices journaliers 1°. pour les propositions évidentes, 2°. pour les propositions plus ou moins vraisemblables, 3°. pour les propositions douteuzes, 4°. exemples des raizonemens justes, & des raizonemens inconsequens; exemples de l'ordre, exemple du dèzordre dans les propositions.

13°. Ce qu'il y a de plus important,

dans la conoissance, que l'Ecolier peut aquerir des propositions vrayes, ou des veritéz des propositions fausses, ou des erreurs des bons raizonemens, ou des démonstrations, des mauvais raizonemens, ou des sofismes, c'est de conoître combien chacune de ces veritéz, & de ces démonstrations est plus précieuze, plus dèzirable l'une que l'autre, & combien chaque erreur & chaque fausse demonstration est plus pernicieuze, plus haissable l'une que l'autre.

Or tout cela ne doit se mezurer, que par raport à l'augmentation de son propre bonheur & du bonheur, de ses Concitoyens, qui est le but de l'être bienfaizant.

Et delà on voit, que c'est une grande faute pour le maître d'enseigner la conoissance d'un fait, d'une verité, d'une démonstration, d'une sience peu utile, tandis que l'Ecolier pouroit employer le même tems, la même aplication, à en aprendre une autre, cent fois plus utile, en supozant, qu'il s'en faut plus des trois quarts qu'il n'ait le tems de tout aprendre ce qui a quelque utilité.

Il faut de même obſerver, qu'il y a des erreurs peu préjudiciables, dont il importe peu de détromper l'Ecolier tandis que l'on neglige de les détromper d'erreur cent fois plus importantes.

A propos d'erreurs & de menſonges, il faut montrer aux Ecoliers, que les Romans vertueux ne ſont ni erreurs ni menſonges, puiſqu'ils ne ſont point donéz come veritéz, ni come des faits exiſtans ou qui ayent exiſtés, mais ſeulement come des faits vraiſemblables, qui ſont purement poſſibles, & dont les peintures, & les narrations ſont utiles à bien aranjer nos idées, à nous faire bien juger de la valeur des actions, & à nous inſpirer du dèzir de pratiquer la vertu, & de l'horreur pour nous eloigner du vice.

Il faut de même avoir atention à faire bien juger les Ecoliers le long du jour de la valeur des actions entre elles, & des qualitéz entre elles, ſoit des Ecoliers, ſoit des homes faits, & même ſur la valeur de toutes les chozes qui ſe preſentent à comparer, & toujours par la regle de la divine

L iij

Providence, qui veut que nous tendions toujours pour lui, non seulement à l'augmentation de notre bonheur, mais encore à l'augmentation du bonheur de nos proches, & du bonheur de nos Concitoyens.

Tous ces exercices regardent les quatre plus importantes habitudes, & doivent par conséquent emporter chaque jour au moins quatre heures de cinq, ou huit heures de dix que l'Ecolier passe, ou avec son Regent dans la classe, ou avec son Préfet dans la chambre; or cette reflexion demontre combien dans la pratique nos Regens s'eloignent du but de la meilleure Education, eux, qui de dix heures d'étude nous en font passer sept ou huit au Latin, au Greq, à faire des vers latins, & à nous dicter une Retorique, ou une Logique prèsque inutiles; eux, qui nous enseignent si peu des arts & des siences plus utiles que les langues.

OBSERVATION XV.

Sujets pour les Exercices journaliers sur la cinquiéme habitude.

IL ne doit y avoir qu'environ deux ou trois heures par jour employées tant dans la classe, que dans la chambre aux exercices de cette cinquiéme habitude ; ainsi à peine y aura-t-il huit quarts d'heures employées à huit sortes d'arts, de siences ou de langues diférentes ; mais comme il y aura de ces exercices que l'on ne reprendra que de deux jours l'un pour les varier davantage, le Regent poura souvent employer une demie heure à les fortifier ; en géneral il y aura du tems pour leur aprendre beaucoup plus de choses qu'ils n'en aprenent présentement depuis 7. ans jusqu'à 16. acomplis.

Il ne faut point de classes destinées à la Retorique, à la Logique, à la Fizique, aux Matematiques, aux langues, mais il faut dans chaque clas-

128　*Projet*

se enseigner toutes les semaines quelque chose de toutes ces conoissances dans chaque classe.

Suite des Exercices journaliers.

Sur la cinquiéme Habitude.

Langues, Arts, Sienses.

1. Exercices pour mieux lire, & pour mieux écrire dans les deux plus basses classes de 7. à 8. ans, & de huit à 9. ans dans la chambre.

2°. Exercice pour l'Aritmetique, & pour conter avec les jetons dans la chambre.

3°. Exercice pour une partie de la Geografie proportionée à chaque classe.

4°. Dans la troisiéme classe, ou dans la classe de 9. à 10. ans, exercice de la Grammaire sur la langue maternelle, & un comencement de Retorique ou de regles de bien parler.

5°. Dèz la quatriéme classe de 10. à 11. ans exercice de la langue latine.

6°. Dèz la cinquiéme classe de 11.

pour perfectionner l'Education. 129
à 12. ans exercice de la compofition françoize ; exemple du beau en diférens genres ; exemples & obfervations fur le defectueux ; un peu plus de Retorique & de Fizique.

7°. Dèz les premiéres claffes quelque choze de l'Anatomie en figures de Cire ; quelque choze de Medecine fur tout pour la confervation de la fanté.

8°. Quelque choze du curieux & de l'utile de l'Aftronomie du Calendrier, le tout proportioné aux diferentes claffes.

9°. Quelque choze dans chaque claffe des effets naturels & des cauzes fiziques fur les effets de l'imagination, fur les fonjes, fur les plantes, Chimie, mécanique, felon les diférentes claffes, & plus dans les hautes claffes.

10°. Quelque choze de la Geometrie fpéculative & pratique, & de la navigation, du nivélement & de la bouffole.

11°. Partie de la politique, partie de la finance & du comerce, & moins dans les baffes & plus dans les hautes claffes.

12°. Partie de la Jurifprudence moins

L v

dans les basses classes, plus dans les hautes.

13°. Partie de l'art militaire moins dans les basses, plus dans les hautes.

14°. Partie de l'histoire générale, partie de la Cronologie par les principales époques, &c.

15°. Partie de l'Economique, vendre, acheter, tenir des livres de compte; un peu de conoissance des vint ou trente principaux arts, visite des manufactures.

16°. Exercices du corps, pour les faire avec graces, & avec adresse: quelque choze de la danse, monter à cheval, faire des armes.

17°. Quelque choze de la Muzique & des instrumens.

18°. Quelque choze du dessin & de la peinture, faire des plans, arpenter.

Il y a plusieurs chozes à aprendre, qui ne sont que pour les dernieres classes comunes, & d'autres, qui ne sont que pour les premieres classes: mais tout cela sera distingué dans la tablature, & dans les instructions de chaque classe qui seront perfectionées de tems en tems par le conseil de l'Education sur les divers memoires, & les diverses experiences des Oficiers principaux des Coléges, il faut autant qu'il sera possible, que ces sajes instructions dispensent les principaux d'avoir bezoin pour Regens que de sujets d'un merite médiocre, c'est que l'excelent est trop rare, il faut un grand genie pour construire une belle machine, il ne faut qu'un genie mediocre, pour la conserver en mouvement.

OBSERVATION XVI.

Nul jour de conjé, nule vacance pour les Ecoliers, mais seulement pour les Regens.

EN supozant que l'Education est fort diversifiée, & que l'atention est fort soulagée par la diversité, & par la grande facilité de la métode de divizer tout ce qui est à enseigner dans les plus petites parties, come on divize la nouriture des petits animaux an tres petits morceaux, & des oizeaux en petites miétes ; en supofant que les Regens ayent trouvé le fecret de faire monter les enfans à chaque habitude par les plus petits dégrés, & en mêlant un peu d'hiftorique & de fenfible au fpéculatif, un peu de difpute, un peu de déclamation, un peu de fcènes durant chaque féance ; l'inftruction ne paroitra prefque aux Ecoliers qu'un amuzement, ou qu'un jeu continuel & diverfifié tandis qu'elle fera affés penible pour le Regent.

D'ailleurs outre les heures de jeux & de divertiffement on leur donera les jours de congé, ou à la place des jours de conjé la conoiffance des arts & des experiences, foit au dédans, foit au dehors du Colege, & ce jour là les parens pouront paffer une heure ou deux avec les Ecoliers foit chès eux, foit au Colege.

En fupozant d'un autre coté, que la difcontinuation des exercices eft très-préjudiciable aux Ecoliers, je fuis d'avis qu'il n'y ait jamais aucun jour entier fans exercice, fi ce n'eft pour le Regent, ainfi il faut dans le Colege quelques Regens, & quelques Precepteurs de fuplement, qui, inftruits de la métode, & de la tablature du Regent & du Precepteur ou Préfet de chambre ordinaire, continuent tous les jours les éxercices diférens, ainsi il ne faut nules vacances, car deux mois de vacance font la sixiéme partie du tems de l'Education, & c'est une grande perte sans conter le dégout des exercices & les mauvaizes habitudes que les enfans prenent hors du Colege avec les valets : il faut, que les Regens soient faits pour : les Ecoliers & non pas les Ecoliers pour les Regens.

S'il y a un Colege de douze cens Ecoliers, il en faudroit faire deux : mais il est vrai, qu'il faudroit que l'Etat y entretint des Regens & des Préfets de chambre, & des Regens & des Precepteurs de chambre de suplement.

Je comprens bien que les parens mal avizés, sur tout les meres, voudront avoir leurs enfans quelques semaines avec eux a la campagne, & qu'on ne les leur refuzera pas ; mais afin que ces conjés soient aussi courts qu'il sera possible, il a falu montrer aux parens, quel tort ils font à leurs enfans, & combien ils en retardent l'avancement par ces vacances.

OBSERVATION XVII.

Sur les Langues.

1°. IL me paroit, que la conoissance des langues n'est gueres utile, qu'autant que les langues peuvent servir au comerce des marchandizes; car pour ce qui regarde les siences & les arts nous avons très souvent de meilleurs ouvrajes en notre langue, soit originaux, soit de traduction, que dans les langues ancienes & étranjeres, & si l'état done des pensions & des gratifications seulement à neuf ou dix traducteurs, à mezure qu'ils traduiront les ouvrajes des anciens, & des étranjers, il y en aura bientôt vint autres, qui, dans le dessein de devenir pensionaires de l'Etat travailleront plus que les pensionaires mêmes aux traductions, nous avons présentement tous les bons Auteurs grecs & latins assez bien traduits pour notre uzaje, & dans cent

pour perfectionner l'Education.

ans, il y aura d'autres traductions encore meilleures que les nôtres.

A l'égard du comerce des marchandizes, quelques uns de nous ont bezoin de savoir les langues vivantes de nos voizins, & n'ont nul besoin des langues mortes de nos anciens, il faut donq se borner dans les premières classes à la simple traduction du latin, mais à l'égard des Eclesiastiques, des Medecins & des Magistrats, c'est à eux dans leurs Ecoles particulieres a s'y exercer d'avantage, & à y aprendre les uns du Greq, les autres de l'Hebreu, car pour les huit ou neuf classes de l'Education générale & comune à tous les enfans, ils n'ont besoin que d'entendre le latin avec un peu de facilité, & un jour viendra même que nous sentirons, que nous aurons moins bezoin de savoir les langues mortes, que le Malabarois ou l'Arabe.

Or si dans nos huit ou neuf premières classes comunes à toutes les professions, compris les deux où l'on enseignera plus de Fizique & de politique, nous diminuons les trois quarts du tems que l'on employe presentement au Latin, & si tout s'y enseigne en langue vulgaire, il est evident, que ce tems epargné poura être employé à enseigner des choses incomparablement plus utiles, soit pour les mœurs, soit pour les arts, soit pour les siences, & que tout s'enseignera avec beaucoup plus de facilité & d'agrément, tant pour les Maîtres, que pour les Ecoliers, que si on continuoit à faire les leſſons en latin.

2°. Nous avons bien plus bezoin de savoir ou un peu d'Anglois, ou un peu d'Holandois, ou un peu d'Espagnol, ou un peu d'Allemand tant pour la négociation des affaires étrangeres, que pour le comerce des marchandises, que nous n'avons bezoin du latin.

3o. Comme il est bien plus facile d'enseigner l'Anglois aux Franſois en se servant de la langue Françoize, il me paroit ridicule que ceux qui nous enseignent le latin nous parlent latin, au lieu de nous parler Francois.

Il est ridicule d'enseigner les arts & les siences dans une langue étranjere, car c'est une folie visible, que d'avoir plus d'atention à enseigner des langues que les choses mêmes, puisque ce n'est que pour aprendre plus facilement les choses mêmes, c'est à-dire les arts, les siences, & les faits anciens, que l'on aprend les langues anciènes.

4°. Il ne faut pas prétendre aprendre parfaitement aucune de ces langues au Colege, mais seulement en aprendre un peu, sauf à s'y perfectionner avec le secours du dictionaire à mezure que l'on en aura bezoin chacun dans sa profession: il vaut bien mieux, que les Regens enseignent des choses à leurs Ecoliers, que des mots, qui ne donent nule idée nouvelle, nule conoissance nouvelle, il est ridicule de passer beaucoup de tems à enseigner à fonds à 50. ou 60. Ecoliers une langue dont pas un ne fait uzaje, que pour l'entendre & non pour écrire durant le cours de leur vie; tandis que l'on peut employer ce même tems à perfectionner ces enfans dans des conoissances dont ils font uzaje tous les jours, Histoire, Geografie, Cronologie, Fizique, Arts Mecaniques, Arts Liberaux, Muzique, Anatomie, Medecine, Chimie, Jurisprudence, Morale, Religion, Po-

M

litique, Arts Militaires, Navigation, Géometrie, Aritmetique.

5°. On peut en enseignant les langues aux enfans choisir certains morceaux d'Eloquence, certains endroits de quelques siences ou de quelques arts curieux & utiles, afin que la beauté du sujet les invite à bien entendre ce qu'ils lizent, & on leur aprendroit, ainsi en même tems, & des mots & des choses.

6°. Avant que d'enseigner les langues ou mortes ou vivantes, il est à propos d'enseigner à l'Ecolier sa langue naturelle par regles de grammaire, les genres, le masculin, le feminin, le substantif, l'adjectif, le verbe, le tems, l'adverbe &c. Parcequ'il aprend à facilement les observations de Grammaire de sa langue, & quand il y sera acoutumé il aprendra beaucoup plus facilement la grammaire du latin à cauze de l'Analogie, & de la ressemblance, qu'il y a entre les grammaires.

Je tiens ces deux dernieres observations du R. P. de Tournemine Jesuite, qui est du nombre de ceux qui désirent fort dans l'Etat un conseil autorizé à perfectionner l'Education publique.

70. Ainsi les Ecoliers aprendroient la langue maternelle par regles dés la troisiéme classe de dix à onze ans, car je nome premiére la plus basse classe, & ils comenceroient à aprendre à traduire un peu de latin dans la quatriéme classe jusqu'à la derniére, dans laquelle on enseignera ce qu'il y a de plus élevé dans les arts & dans les siences; car mon avis est que l'on enseigne aux enfans dans les huit ou neuf classes, quelque chose de tous les arts & de toutes les siences, mais le plus aizé dans les plus basses classes, & le plus dificile de ces arts & de ces siences dans les plus hautes.

OBSERVATION XVIII.

Vies des grans homes, des grans Saints.

J'AI veü des enfans qui, dés douze ou traize ans, prenoient un très grand plaisir à lire la Vie des Hommes illuſtres, de Plutarque & de quelques autres Auteurs; tel étoit un de mes freres, qui employoit avec joye l'argent de ſon mois deſtiné à ſes menus plaiſirs à prendre à louage de pareils livres; ainſi je croi 1°. que l'on devroit métre la vie des grans Homes & des Homes illuſtres entre les mains des enfans de 13. ans, mais il faudroit les écrire exprès pour eux, & pour la portée de leur intelligence, 2°. Il faudroit ſur tout dans les hautes claſſes leur faire bien remarquer la grande diférence qui eſt entre grand Homme & Homme illuſtre, entre grand Home & grand Saint. 3°. Il faudroit les acoutumer à les comparer par parties & en total, & à diſputer ſur les comparaizons, rien n'eſt plus propre qu'une pareille lecture à dôner de l'élevation à l'ame des erfans, & à leur inſpirer plus de dèzir d'aquerir des talens & des vertus utiles à la Patrie.

On fait lire quelquefois aux enfans la vie de quelques Homes illuſtres, mais il faudroit que ce fût 1°. pour leur faire remarquer les motifs des entreprizes, 2°. les dificultés des entreprizes, 3º. les talens, le couraje, la constance necessaire pour surmonter ces dificultés, 4º. la grande utilité & le grand succés de ces entreprizes, 5º. les fautes & les défauts de ces homes illustres, 6º. les dégrez diferens d'éstimable dans leurs actions: au lieu de ces observations, on s'amuze à leur faire faire des observations sur l'elegance de la langue, sur l'éloquence de l'écrivain, sur des figures de Rétorique, sur la Cronologie, sur la Geografie, sur les Généalogies & sur d'autres sujets incomparablement moins utiles; les Regens perdent de vûe le principal but de l'Education pour ocuper leurs Ecoliers à des bagatelles.

Omissions.

1º. M. Coffin, Principal du Colege de Beauvais a fait imprimer deux tomes d'excelentes collections en latin, l'un des histoires & des passages de l'écriture, l'autre des histoires & des passages des Auteurs profanes, qui peuvent inspirer des sentimens vertueux, on devroit les faire entrer dans la pratique de l'étude journalière des hautes classes.

2°. Parmi ces exercices je conte les prieres comunes que l'on fera aux diverses heures du jour. Les Regens dans leurs reflexions apuyeront souvent sur le passage du Pater, *Dimitte nobis sicut & nos dimittimus.*

3°. J'ai lû avec plaisir les observations de M. Rolin, & sur tout les beaux passajes des auteurs éloquens qu'il cite, il me semble, que les Regens de diverses classes peuvent en faire un très bon uzaje pour doner à leurs Ecoliers l'idée de la vraie Eloquence, s'ils leur montrent les mêmes pensées écrites d'une maniere plate, seche & comune, car c'est particuliérement la comparaison, qui rend les diferences plus sensibles.

Ceci doit être mis au nombre des exercices journaliers dont j'ay deja parlé observation 17.

OBSERVATION XIX.

Vrai & faux ridicule, dégrez du ridicule.

UNe des grandes peines où les homes soient sujets, c'est le chagrin que cause la moquerie, sur tout, quand elle est fondée: mais comme souvent elle est très mal fondée, il faut donet à l'Ecolier par diverses exemples l'habitude de discerner le vrai ridicule du faux ridicule, afin qu'il sache éviter la moquerie bien fondée, & méprizer & même se moquer de ceux qui ne conoissent pas ce qui est veritablement, ou méprizable, ou ridicule.

J'ai fait quelques observations sur ce sujet.

OBSERVATION XX.
Tablature, instruction & livres classiques.

JE voudrois que le bureau fît compoter, & perfectioner de tems en tems les tablatures de chaque claſſe, qui contiendroient les inſtructions, les pratiques, les lectures, les ſcènes, les rèfléxions jour pour jour que l'on feroit dans chaque claſſe & dans chaque chambre partajée par mois, par ſemaines, & ſouvent par jour de chaque ſemaine, depuis le comencement de l'anée juſqu'à la fin.

Je comencerois dans ces climats l'anée Colegiale au premier de Mai, à cauze des petits enfans, qui comencent la premiere claſſe.

Cette premiere claſſe ſeroit depuis 7. ans juſqu'à 8. la ſeconde depuis 8. ans juſqu'à 9., la troiziéme depuis 9. ans juſqu'à 10. la quatriéme où l'on aprendroit ſa langue matérnelle par régles depuis 10. ans juſqu'à 11. la cinquiéme où l'on comenceroit à aprendre du latin depuis 11. juſqu'à 12. la ſixiéme depuis 12. ans juſqu'à 13. la ſeptiéme depuis 13. juſqu'à 14. & la huitiéme depuis 14. juſqu'à 15. la neuviéme comune à tous les Ecoliers depuis 15. juſqu'à 16. ans.

On ſupoſe que les enfans de ſept ans ayent déja apris un peu à lire & à écrire avant que d'entrer au Colege.

Ce livre de tablature pour chaque claſſe ſeroit partajé en 12. tomes pour les 12. mois; chaque claſſe auroit ſon livre imprimé, & le Bureau de l'Education auroit ſoin de rectifier ces livres à toutes les Editions, & de faire obſerver dans l'état, le plus d'uniformité qu'il ſeroit poſſible dans la métode de l'Education des Coleges, en ſupoſant, que par les diverſes experiences, le Bureau ſeroit inſtruit de la meilleure de celles qui ſeroient conües alors.

OBSERVATION XXI.

Renvoi á la claſſe inferieure.

ON ne gouverne les hommes, & par conſequent les enfans que par l'apas du plaiſir préſent ou prochain, ou par la crainte de la douleur préſente ou prochaine, ou par l'eſperance du plaiſir plus éloigné bien vivement peint, ou par la crainte de la douleur eloignée bien vivement peinte.

La douleur & le plaisir ne se peignent point vivement pour ceux qui n'en ont rien senti, il faut que la peinture pour être vive soit proprement une reminissence des sentimens, des plaisirs ou des douleurs, que l'enfant a déja sentis.

L'enfant prend divers plaisirs dans l'étude 1°. en voyant, en découvrant, quelque chose de nouveau, 2°. en espérant que cette conoissance sterile en plaisir, d'elle même lui procurera tel plaisir dont il a l'idée, come peut être le plaisir de la gloire d'avoir surpassé ses camarades; c'est le plaisir de l'émulation qui est le plaisir qu'ils trouvent dans les jeux d'adresse, où il y a quelque loüange, quelque distinction à esperer.

L'enfant étudie quelquefois par crainte de la punition, & alors l'étude est bien moins bone, que l'étude, que fait faire le plaisir.

Il étudie quelquefois par crainte de la honte d'être surmonté par son camarade.

Quand un enfant n'avance point, ne fait aucun progrés dans aucune des cinq habitudes, c'est une preuve d'inaplication, & l'inaplication vient de défaut ou de plaisir actuel, ou de défaut de peine actuelle, défaut de dèzir du plaisir avenir ou défaut de crainte de douleur future.

Quand l'enfant demeure derriere il faut au bout de trois mois le remettre à la classe d'où il avoit monté; il ne faut pas atendre la fin de l'anée parcequ'il perdroit le tems qu'il ne pouroit pas suivre les autres. C'est une maniere de piquer les Ecoliers & d'augmenter leur aplication par la crainte d'être du nombre des renvoyés.

Renvoyer ainsi à la classe inferieure, c'est un moyen d'égaler à peu près les esprits tardifs aux esprits avancés, & un moyen d'empêcher les esprits tardifs de perdre leur tems dans une classe trop forte pour eux.

OBSERVATION XXII.

Pratique des vertus religieuzes.

IL faut simplifier les instructions sur la Religion 1°. Il faut enseigner ce qu'il faut croire en détail, & cela est contenu dans l'ancien formulaire du *Credo*, & croire en géneral come la societé des fididêles de la Comunion Romaine du Coneile de Trente.

2°. Il faut enseigner ce qu'il est nécessaire d'éviter de peur de déplaire à Dieu, & d'être condané à l'enfer; telles sont principalement les injustices sur tout quand elles ne sont pas reparées.

3°. Il faut enseigner ce qui est nécessaire de faire pour plaire à Dieu, & pour obtenir le Paradis; telles sont principalement toutes les œuvres de bienfaizance, & entre autres les actes de patience, qui contre balancent nos injustices, & qui, en vertu de la promesse & de la grace de Dieu, le Fils notre Redepteur, nous done un droit à une vie délicieuze & éternelle, voilà en substance tout l'essentiel de la Religion.

Il faut faire remarquer aux enfans que les longues prieres & les cérémonies sont de bones euvres, qui ont leur merite & leur efficacité pour le salut; mais que souffrir patiemment des injures, & pardoner par le dèsir de plaire à Dieu, eſt ce qu'il y a de plus agréable à Dieu : & cela 1°. parceque le dégré de peine que l'on ſoufre, montre le dégré du dèzir de plaire à Dieu : 2°. Parcequ'il revient de notre pardon de grans avantages à ceux qui nous ont ofenſé : 3°. parceque nous ne ſaurions jamais reſſembler davantage à Dieu, qu'en pardonant les ofenſes puiſqu'il nous pardone tous les jours tant d'ofenſes : 4°. parceque Dieu doit toujours être le modèle de la perfection humaine, & que le culte le plus agréable qu'on puiſſe lui rendre, c'eſt de tacher de lui reſſembler par la bienfaizance, qu'il ne ceſſe de nous recomander, & qu'il ne ceſſe d'exercer envers nous & ſur tout en nous pardonant dès que nous nous repentons.

Or avec ces principes ſaints & ſublimes, on n'a point à craindre que la vraye dévotion & la véritable religion dégénere jamais en fanatiſme, en ſuperſtition, en fariſaïſme, en quietiſme, diférentes eſpeces de folie, qui font que l'homme ſuperſtitieux ſupoſe le culte le plus parfait dans des pratiques bien moins parfaites, & imagine des pechez où il n'y en a point & n'en voit point où il y en a de très grands:

Tels étoient les Empereurs payens, qui n'imaginoient point de pechez dans les injustices & dans les cruelles persecutions qu'ils faisoient souffrir aux anciens crétiens par zèle pour leurs opinions, pour leurs pretendues veritez, & pour faire rendre à Dieu le culte abominable fondé dans la persecution des hommes: tel étoit l'aveuglement, tels étoient les excès où les conduisoit le fanatisme faute de savoir que la perfection, & que le culte le plus parfait, consistoit à imiter la bienfaizance divine envers tous les homes, qui font de bone foi dans diverses ignorances, & quelquefois dans diverses erreurs.

On peut dire en general, que quand on croit que les principales pratiques de religion consistent dans la pratique de la justice, depeur de déplaire à Dieu, & dans la pratique de la bienfaizance, pour plaire à cet être souverainement parfait & pour l'imiter de la meilleure maniere qu'il soit en notre pouvoir, on ne sauroit jamais avoir trop de crainte de l'enfer, & trop de dèzir du Paradis, c'est-à-dire trop de religion soit pour son propre bonheur, soit pour le bonheur de la societé : ainsi c'est particulierement dans l'habitude plus ou moins grande de crainte des douleurs de la seconde vie, & dans l'habitude plus ou moins grande d'esperance des plaisirs immenses & éternels, que consiste le plus ou le moins de religion de chaque homme, de chaque Écolier.

Or il n'y a persone qui ne conviene que la religion divine, & même les simples religions humaines, qui enseigneroient ces veritéz, ne soient trèz-dézirables pour rendre cette premiere vie, trèz hureuze, suivant l'intention de l'être bienfaizant.

De là on voit, que l'Education qu'on a doné jusqu'ici aux enfans n'a pas été à beaucoup prèz asséz religieuze, c'est-à-dire asséz pleine de craintes, de punitions, & d'esperances de récompense après la mort; au lieu, que l'on ne sauroit jamais inspirer aux enfans trop de religion, c'est-à-dire de crainte de faire le mal & trop de dèzir de faire le bien.

Les fariziens, qui étoient proprement ceux qui se piquoient de devotion & de perfection, parmi les juifs se trompoient lourdement en croyant l'observation des cérémonies & les longues prieres des moiens aussi efficaces pour plaire à Dieu que l'observation continuelle de la justice, & la pratique journaliere de la bienfaizance.

Cela vient de ce qu'ils n'avoient pas l'idée de Dieu comme d'un être souverainement juste & bienfaizant, mais comme d'un homme très-imparfait, qui aime qu'on le loüe toûjours, & qu'on lui fasse beaucoup de reverences, de complimens, de sacrifices, & si l'on y prend garde, ce qu'il y a de mauvais dans les religions humaines, ne vient que de ce que les superstitieux font Dieu semblable à l'home imparfait; ainsi tout fanatisme, toute superstition vient de la fausse idée de l'être parfait.

S'ils avoient eu de Dieu une idée assez noble, assez élevée, ils auroient senti que les cérémonies & les longues prieres ne pouvoient lui plaire qu'autant qu'elles pouvoient avoir d'éficacité pour leur faire aquerir l'habitude à observer la justice & la bienfaizance envers tout le monde ; or il n'y a persone qui ne voye que cette éficacité des longues prieres, & des diverses cérémonies est très petite en comparaizon de la pratique même de ces deux vertus religieuzes.

C'étoit cette erreur qui faizoit le fonds & la source de leur fanatisme, & de leurs diverses superstitions, qui loin de les porter à l'observation de la justice & à la pratique de la bienfaizance les portoient souvent à l'injustice ; temoin leurs persecutions contre les crétiens, qui avoient compris le peu d'éficacité dont etoient leurs sacrifices, leurs longues prieres & leurs autres nombreuzes cérémonies en comparaizon de la pratique de la charité, qui comprend la justice & la bienfaizance pour plaire à Dieu.

OBSERVATION XXIII.

Coléges complets.

C'Eſt proprement au ſortir de la derniere claſſe comune à tous les Ecoliers, que chacun s'aplique uniquement aux conoiſſances plus particulieres de la profeſſion qu'il a choiſie; or j'apele Colége complet celui où ſont non ſeulement les huit ou neuf claſſes comunes pour comencer à daner des idées générales néceſſaires dans toutes les profeſſions, mais où l'on trouve encore des claſſes particulieres pour les cinq profeſſions particulieres que nous conoiſſons.

Ceux qui ſortiroient de la derniere claſſe comune des diferens petits Coleges non complets, ou de Paris ou des Provinces, viendroient peupler les claſſes particulieres que l'on entretiendroit dans les Coleges complets.

1°. La claſſe où l'on enſeigneroit la négociation, le comerce & les finances.

2°. La classe de la Magistrature où l'on enseigneroit les loix de l'état & les regles de la jurisprudence.

3°. La classe de la guerre de terre & de mer, où l'on enseigneroit les fortifications, la navigation, les exercices militaires.

4°. La classe du Clergé pour aprendre ce que les eclesiastiques doivent enseigner aux peuples de speculation & de pratiques nécessaires pour le salut.

5°. La classe de la Médecine, Anatomie, Chirurgie, Chimie, Botanique.

Il faut dans ces classes particulieres joindre toûjours aux conoissances de la profession, les pratiques, les maximes, les histoires, les exemples de l'injustice punie, & de la bienfaizance récompensée, il faut y joindre des réfléxions qui servent à perfectionner le discernement sur la bone gloire, sur la gloire frivole; on n'a pas jusqu'àpresent fait asséz d'atention, que le grand genie, qui n'a point de droiture, c'est-à-dire qui ne va point à la justice, à la bienfaizance, & à la plus grande utilité publique, fait beaucoup moins de bien à fa patrie, que pareil génie, & même qu'un moindre génie qui a plus de droiture; fouvent même ces grans génies, lorfqu'ils n'ecoutent que leur interêt particulier cauzent de grands maux à leur patrie; tels furent autrefois Catilina, Cezar, Spartacus, tels ont été les héreziarques dans l'Eglize.

Si je demande, que ces claffes de profeffions particulieres fe trouvent dans le même Colege, c'eft qu'il eft dongereux que les Ecoliers qui en fortiront ne fe debauchent, & ne fe puiffent plus affujetir aux heures de travail & à la difcipline du Colege, & qu'ils perdent ainfi faute de répétitions fufizantes, ce qu'ils ont aquis d'habitudes fur les quatre poincts principaux de l'Educarion.

OBSERVATION XXIV.

Formation d'un Colege.

SI un Prince vouloit eriger un Colege complet, il feroit à propos que quelques anées auparavant il compoſat un conſeil tant pour guider l'architecte, que pour diriger les Regens futurs, & pour leur faire a tous diſpoſer leur travail & leurs fonctions: mais en atendant chacun des Coleges particuliers peuvent profiter de ces reflexions ; c'eſt ici proprement un canevas tout tracé ſur lequel gens plus habiles que je ne ſuis dans les détails des Coleges peuvent travailler & perfectionner ainſi cet ouvraje par de nouvelles obſervations.

S'il y avoit à Paris trois ou quatre Coleges complets, où l'on reçût 30. ou 40. pauvres penſionaires gratis aux dépens du Roi, & de l'état, mais d'un excelent eſprit & d'un excelent naturel, que l'on choiſiroit dans chaque Colege de 500. Ecoliers tour à tour à la pluralité des voix des Regens ; ce choix, ce *gratis* metroit dans les Coleges de province une grande emulation parmi les Ecoliers pauvres, ſoit nobles, ſoit non nobles : cette métode peupleroit les Coleges complets, dans les hautes claſſes, d'excellens eſprits, & beaucoup plus diſciplinables.

J'apele ici pauvre l'enfant, qui ne

peut pas efperer cinquante onces d'argent de revenu de patrimoine.

A l'égard de la dépenfe nécéffaire pour perfectionner les Coleges des grandes & des petites viles, chaque fouverain peut permètre à chaque vile de lever un tribut fur l'entrée des boiffons, des beftiaux, ce qui fe pratique déja pour les hôpitaux.

Les Coleges où la tête de la nation prend de fortes habitudes vertueuzes & religieuzes pour augmenter le bonheur de toute la nation, merite, ce me femble, du moins autant que les hôpitaux ; car enfin que fait le gouvernement en permetant à toutes les viles de femblables octrois, finon de leur permetre d'employer partie du revenu des habitans à l'ouvrage le plus important pour le bonheur de la nation : je propofe encore d'autres moiens d'augmenter les revenus des Coleges & des hôpitaux dans un mémoire feparé, mais la plupart ne font praticables que dans les états Catoliques Romains, où l'Eglife & l'Etat peuvent confpirer & employer de concert leur autorité à faire employer aux euvres les plus faintes, les plus pieuzes, les plus é-

pour perfectionner l'Education. 159
difiantes, aux œuvres les plus utiles aux fideles morts & vivans les revénus donéz par ces mêmes fideles à l'Eglize, puisqu'ils n'ont jamais eu d'autre intention, que de procurer en plus grand nombre les œuvres les plus utiles à eux & à l'Eglife, & les plus agréables à Dieu pour en obtenir de plus grandes recompenfes, *ad perfectiorem Dei cultum, feu ad majorem totius Eccefia utilitatem.*

OBSERVATION XXV.

Acoutumer les Ecoliers à juger les coupables.

UNe des chozes qui éloignera le plus les Ecoliers de comètre des fautes confidérables contre la juftice, c'eft de les acoutumer à juger entre eux les délinquans en préfence & fous la préfidence du Regent, l'apareil férieux du jugement, le choix de fept juges parmi les pairs ou pareils du coupable, le difcours ou raport du Regent, tout cela leur donera une nouvelle atention, & les éloignera davantage de pareilles fautes & leur fera faire beaucoup plus de réfléxions fur leur propre conduite, ce qui augmentera en eux l'habitude à la prudence & à la juftice.

OBSERVATION XXVI.

Préférvatif contre les illufions & contre les maximes contagieuzes du monde corompu.

CEux qui s'enivrent ou d'ambition pour les places elevées ou de la forte de confideration que done la dépenfe, ou des illuzions de l'amour ou des charmes de la table, ou du plaizir du jeu, tous ont des maximes qui leur font propres; ce font des propofitions où il y a un peu de vérité & beaucoup d'illuzion; or il eft à propos fur tout dans les dernieres claffes de déveloper aux Ecoliers, ce qu'il y a de vrai & ce qu'il y a de faux, de réel, d'illuzoire dans ces propofitions, dont ils font durant une partie

partie de leur vie la baze de leur conduite, afin que lorsqu'ils entreront dans le monde ils puiſſent plus facilement voir en quoi ſe trompent chacun de ces perſones yvres qu'ils rencontrent, & éviter ainſi les malheurs que produizent les mauvais exemples.

Les illuzions de ces diverſes paſſions ſont d'autant plus ſeduizantes qu'elles ſont acompagnées de quelque réalité, l'homme eſt ſujet à trois ou quatre diférentes yvreſſes, mais il â des intervales de raizon & c'eſt dans ces intervales, qu'il poura faire uzaje des ſajes préceptes, & des vérités ſalutaires, dont il aura entendu parler dans les bons Coleges durant ſon Education.

En général il faut prévenir l'Ecolier prêt à ſortir du Colege ſur les mauvais exemples, ſur les maximes fauſſes & ſeduizantes qu'il va trouver dans le monde corompu, il faut lui en faire des peintures dans les dernieres claſſes, & lui montrer ce qu'il y a d'illuzoire ſur la durée des plaiſirs, & ce qu'il y a de réel ſur les malheurs où précipitent ces ſortes d'ivreſſes & ces fauſſes propozitions tels doivent être les préfervatifs contre l'air corompu, contre les maladies contagieuzes de l'ame.

OBSERVATION XXVII.

Sur l'atention que l'on doit avoir pour les enfans avant qu'ils entrent au Colege.

LA bone Education du Colege détruira à la longue les mauvaizes habitudes prizes par les enfans avant l'âge de fept ans, & cela par la pratique des bones ; mais cependant il eft vrai qu'ils feroient en moins de tems un plus grand progréz dans les bones, fi dans la premiere enfance on ne leur en avoit pas laiffé prendre de mauvaizes.

Voici donq quelques réfléxions pour pérféctionner l'Education que l'on peut doner aux enfans avant l'âge de fept ans acomplis, qui eft l'âge, ou ils ont comunement affés de fanté & de force pour foutenir la vie du Colege.

pour perfectionner l'Education. 189

Dez trois ou quatre ans les enfans peuvent comencer à lire, à écrire, à bien prononcer & comme à cet âge ils comencent à juger & qu'ils se ressouvienent vieux de certains evenemens de l'âge de trois ou quatre ans, on peut penser, que, lorsque cet âge est arivé, il est tems de comencer à doner quelque culture, & quelque exercice à leur raizon naissante.

On a tort d'abandoner comme l'on fait ce premier âge a des femmes ignorantes ou à de simples domestiques, ou à des Maîtres à lire & à écrire, qui ne savent rien de plus que leur métier.

Il faut sur tout comencer à reprimer, à blamer, à punir les premiers comencemens des vices, & à loüer devant eux les vertus & particuliérement l'obéissance, qui doit être la vertu particuliere de l'enfance.

Les Princes & les grans Seigneurs ont les moyens d'atacher à leurs enfans de quatre ans des Précepteurs sâjes, habiles, raizonables, qui peuvent, pour ainsi dire, diriger les femmes & les domestiques, qui environent l'enfant de maniere que tous

O ij

conspirent au même but & que les discours & les exemples des uns ne détruizent pas ce que les autres ont semé de bon dans l'esprit de l'enfant; mais comme je parle pour le plus grand nombre, qui n'ont pas assez de revenus pour bien payer un homme de merite auprés d'un enfant de quatre ans, j'adresse mes reflexions aux Péres & aux Méres pour en instruire les domestiques, qui auront soin de leurs enfans, sur quoi je ferai seulement trois remarques principales.

I.

Mettre en œuvre le dézir des loüanges.

LEs enfans dézirent d'être loüéz & il les faut loüer pour s'en faire aimer & pour les diriger par ce plaisir vers la vertu, mais il faut bien prendre garde à ne les loüer que pour des choses vrayment loüables, & jamais sur leurs habits, sur leur figure, sur les richesses, sur la noblesse de leurs parens, sur les beaux equipages &c.

1°. Quand ils fe repentent d'avoir mal fait & qu'ils prénent la refolution de fe coriger, il faut les loüer.

2°. Il faut les loüer quand ils obéiffent de bone grace, & il faut leur faire entendre qu'on ne leur comande que pour leur procurer des plaifirs avenir.

3°. Il faut les loüer quand ils ont mieux réuffi à leur étude un jour qu'un autre, mais fur tout loüer en cela, leur pronte obéiffance dans un âge, ou ils ne peuvent pas encore conoître par eux mêmes, ce qui leur eft plus utile pour les rendre un jour plus hureux.

4°. Il faut les loüer quand ils ont dit la vérité malgré le dézir d'être loüés pour choze qu'ils n'ont point faite, ou malgré la crainte d'être réprimandés pour le mal qu'ils ont fait.

5°. Il faut les loüer quand ils ont tâché de rendre plaifir pour plaifir, honeur pour honeur, politeffe pour politeffe, ce qui eft juftice.

6°. Il faut les loüer beaucoup quand ils ont pardoné des ofenfes.

7°. Il faut les loüer quand ils ont fait des prévenances de politeffe qu'ils ne devoient point, ce qui eſt bien-faizance.

80. Il faut les loüer quand ils ont marqué de ſoulager les pauvres, les malhureux, enfin il faut les loüer ſur tout ce qui eſt vertueux.

II.

Mettre en œuvre la crainte de la honte.

LA même providence qui fait ſentir du plaiſir aux enfans dans les loüanges pour les atirer vers la vertu, leur fait ſentir de la douleur à être haïs, moquéz & mépriſéz, c'eſt une eſpéce de frein avec lequel il faut les empêcher de tomber dans les vices, mais les domeſtiques mal élevés eux mêmes les blament ſouvent de très petites fautes, & d'un ton fort élevé, & ne leur diſent prèſque rien des plus grandes.

Il faut donq garder les termes, les tons & les maniéres du plus grand mépris.

1°. Pour les éloigner de l'impeni-

pour perfectionner l'Education 167
tence, & de l'opiniatreté dans le mal.

2°. Pour les éloigner de la dèzobéïſſance.

3°. Pour les éloigner du menſonge.

4°. Pour les éloigner de la colere, & de l'injuſtice.

5°. Pour les éloigner de l'impoliteſſe.

6°. Pour les éloigner de la vanjance.

7°. Pour les éloigner de l'ingratitude.

Il faut bien prendre garde d'employer les mêmes tons pour de petites fautes d'imprudence.

III.

Mettre en euvre le plaiſir d'entendre conter des hiſtoires, dans leſquelles ils ſe plaizent à être agitez de la crainte & de l'eſperance.

LA même providence a doné aux enfans un grand plaizir à entendre conter, & je voi avec peine que nous n'avons point encore de contes propres à intereſſer les enfans, & à les conduire inſenſiblement par des peintures vives à éſtimer, à loüer les talens & les vertus a proportion de leur grandeur, à méprizer & haïr les actions vicieuzes à proportion qu'elles ſont haïſſables.

J'eſpére, que quelques bons Citoyens Filoſofes moraux, qui auront le talent de bien conter & de bien peindre, nous doneront un jour des récueïls de petits Romans vertueux; la plûpart de nos papiers bleus, de nos contes de fées, de nos contes ou Arabes ou Perſans ſont plus propres à doner de fauſſes idées, ſoit des vices, ſoit des vertus, ſoit même de ce qui eſt vrayment mépriſable & vrayment ridicule qu'à en doner des idées juſtes dans ces écrits, le vrai, le bon y ſont trop mêlés de faux & de mauvais.

Je voudrois, que les bons Auteurs de ces récüeils fuſſent ſi bien récompenſés, qu'il fût permis à tout libraire de les réimprimer perfectionés ou augmentés avec ſimple permiſſion du Magiſtrat, mais toûjours ſans aucun privilege excluzif afin pu'ils fuſſent à

pour perfectionner l'Education. 169

si bon marché que chaque famille, en peut avoir plusieurs à bon marché.

Alors on doneroit pour récompense aux enfans un ou deux contes, sur lesquels on raizoneroit devant eux avec exclamation de la beauté des actions fort vertueuzes, & avec des tons d'horreur sur toutes les actions criminelles; car les enfans entendent bien mieux l'expression des tons que la signification des paroles, & les tons font grande impression sur eux.

Il faut sur tout que les domestiques évitent de leur faire des contes d'esprits, de revenans, de sorciers, de Magiciens; en fait de fables, il ne leur en faut conter que de vertueuzes & d'utiles : on peut emprunter les noms anciens de l'histoire; pourvû qu'il n'y ait rien de contraire aux caractéres des principaux personages, il ne faut jamais rien conter qui puisse leur faire craindre les fantomes ou les autres imaginations qui ont, durant le calme de la nuit, une force sufizante pour les éfrayer.

OBSERVATION XXVIII.

Domeſtiques du Colege.

JE voudrois, que les domeſtiques les plus importans des Coleges, qui ſont gouvernéz par des Religieux, fuſſent auſſi Religieux laics, en habit court & choizis entre les domeſtiques les plus laborieux, entre les plus patiens, entre les plus atentifs, & ſur tout, entre les plus ſilençieux pour le ſervice des Ecoliers; ils ne pouroient doner que de bons exemples & de bones maximes aux enfans, au lieu que les domeſtiques ſéculiers, qui ne ſonjent qu'à ſortir du Colege, font ſouvent tout le contraire.

Les Religieux, qui renoncent à la richeſſe, & même à la proprieté, qui ſont acoutumés à vivre très ſobrement, très frugalement, & à une très petite dépenſe, me paroiſſent pour gouverner les Coleges préferables aux ſéculiers qui s'atachent moins au Colege, parcequ'ils envizajent ſouvent de le quiter un jour, & negligent le bien publiq penible pour ne fonjer qu'à leur bien particulier; mais cependant il faut quelques Coleges féculiers, & beaucoup plus des réguliers pour entretenir entre eux une émulation très-avantajeuze au publiq.

OBSERVATION XXIX.

Regens non aſſujetis au Breviaire.

JE fuis du nombre de ceux qui aprouvent fort les ſtatuts des Religieux de la charité par lequel les ſuperieurs & les Religieux peuvent n'être pas Prêtres, & par conſequent, ne ſont pas aſſujetis à paſſer deux heures par jour à réciter le Breviaire. Il eſt certain que ces deux heures emploiées à conſoler, à inſtruire, à foulajer de pauvres malades, ſont bien plus utilement employées, que s'ils les emploioient ſimplement à réciter le Breviaire ou à faire des priéres pour obtenir de Dieu que ces pauvres malades fuſſent conſoléz & ſoulajez par d'autres.

Je suis par conséquent de l'avis de ceux qui aprouvent fort le statut des Jesuites, par lequel leurs Régens & leurs Préfets de chambres dans leurs Coleges peuvent n'être point dans les ordres, ni par conséquent obligés à réciter les priéres & lectures du Breviaire; il n'y a persone, qui ne voye que passer deux heures de plus par jour à former les jeunes gens à la vertu, en suposant dégré de charité égal, est une action beaucoup plus méritoire & plus agréable à l'être bienfaizant, que de passer ces deux heures à réciter comme par habitude de tres longues priéres; c'est qu'un pareil emploi de sept cens trente heures par an est incomparablement plus utile à l'Eglize, & à l'éducation des fideles, que l'emploi du Breviaire; or Dieu cet être souverainement bienfaizant ne nous récomande-t-il pas toûjours la plus grande utilité des fidéles, comme l'ocupation la plus parfaite, & par conséquent comme la plus sainte, soyéz parfaits, soyéz bienfaizans comme le Pére celeste est bienfaizant.

OBSERVATION XXX.

Sur le Projet de Tablature.

Ceux d'entre les esprits de la premiére classe qui voudront bien s'apliquer à former une tablature entiére d'un Colege complet, ne peuvent être que d'excelens Citoyens, qui dans un tems où il n'y a nule récompense à esperer ou du moins nulle récompense promize, ne laisseront pas de doner leur loizir à cet important travail: on peut dire même que travailler pour procurer un grand bienfait à la socieré humaine dans la veüe de plaire à l'être, qui est souverainement bienfaizant envers les homes, & dans la vüe de se distinguer entre les Citoyens bienfaizans, est l'entreprize d'un grand home & d'un grand Saint.

Ces bons Citoiens dans leur travail pour former la tablature d'un Colege s'atacheront seulement aux exercices qui peuvent fortifier les quatre dernieres habitudes de la juſtice, & de la bienfaizance, par raport aux qualitéz de l'eſprit.

C'eſt que ces quatre habitudes ſont les quatre principales parties de la prudence crètiéne, & que la prudence conſeille à l'écolier de devenir juſte, bienfaizant, bon raizoneur, & d'enrichir ſa mémoire de tout ce qu'il y a de plus important dans les arts, & dans les ſiences les plus utiles à la ſocieté.

La tempérance ou la moderation dans les plaiſirs de la table & du jeu ſe pratique aſſéz au Colege preſque ſans y penſer.

Il faut dans les ocaſions leur repeter la maxime de prudence coñue même par les anciens Payens, la voici, *uzéz ſans excés des plaizirs inocens du tems prezent que vous prrcure l'Auteur de la nature, depeur que les excés ne diminuent exceſſivement les plaiſirs dont vous auriez pû joüir dans le tems avenir*; les Latins exprimoient ainſi cette maxime; *Sic præſentibus voluptatibus utere, ut futuris non noceas.*

Les Filoſofes Payens qui n'avoient qu'une prudence bornée à cette vie,

pour perfectionner l'Education. 175
n'envizageoient que la perte de la santé que cauzent les excès du jeu, de la table & des autres plaisirs corporels; ils n'avoient pour objet que la perte des plaisirs de cette vie passajere, mais la prudence crétiéne va incomparablement plus loin, elle fait craindre encore qu'en perdant l'uzaje de la raizon par les excès des plaisirs, elle ne perde la joüissanee des plaizirs immenses de la vie future.

Plus nous avons presens les bons motifs de notre conduite, plus nous avons de prudence crétiéne; ainsi les Régens & les Préfets de chambre ne sauroient trop souvent les mettre devant les yeux de l'Ecolier, au comencement, au milieu & à la fin de leur journée, dans les exercices des quatre habitudes, en lui montrant & en lui faizant sentir la liaizon de certains plaisirs défendus avec certains maux, avec certaines peines, avec certains malheurs, & la liaizon qui est entre certains travaux, certaines peines, avec les plaisirs de la distinction, & sur tout avec la possession éternelle du souverain bonheur.

Les enfans des basses classes doivent dormir plus long tems que ceux des hautes claſſes: il faut pour le dormir, pour le manjer, pour les jeux &c. environ douze ou quatorze heures, ſupoſons qu'il en reſte dix à employer en exercices pour les quatre habitudes, moitié en particulier dans la chambre comune ſous les yeûx du Préfet ou Répetiteur, moitié en publiq dans la claſſe ſous les ordres du Régent, cela peut varier ſelon les ſaizons.

Comunement l'exercice de la chambre comprend trois chozes, 1º. la repetition de ce qui a été enſeigné dans la claſſe précédente, 2º. La préparation pour répondre aux queſtions qu'on fera à l'Ecolier dans la claſſe, 3º. l'étude de certaines ſiences, Aritmetique, Calcul, Géometrie, Géografie, Deſſein, Muzique.

Ce qui eſt important de remarquer, c'eſt que le même morceau d'hiſtoire lû dans la claſſe, peut ſervir à exercer les quatre habitudes, le Régent y peut faire ſentir 1º. l'injuſtice des uns, 2º. La juſtice & la bienfaizance des autres, 3º. les punitions, effets naturels du vice, 4º. les récompenſes, effets naturels de la vertu, 5°. les faux raizonemens de l'injuste, les bons raizonemens des justes & des bienfaizans, 6°. la composition de l'Auteur, son éloquence, ses fautes contre l'éloquence, 7°. Exercice de la mémoire en faizant raconter le fait à deux ou trois Ecoliers, qui tacheront à l'envi à le raconter avec moins de fautes, 8°. fournir des reflexions au Regent pour exciter davantaje les sentimens de haine & d'aversion dans l'Ecolier pour l'injustice, 9°. il peut en former quelques scènes & aprendre aux Ecoliers à les réciter avec l'action convenable, & à les bien déclamer, & ce sera à qui déclamera le mieux, & avec plus de force.

Et à cette ocazion je dirai qu'il ne faut jamais faire faire à l'Ecolier le rôle d'injuste & de méchant, c'est au Regent ou au Préfet à faire ce rôle, il faut que l'Ecolier puisse aimer à bien faire son rôle, & par conséquent il faut que son rôle soit aimable, il faut empêcher, que dans l'envie de réüssir en joüant avec action, il ne s'afectione aux maximes du méchant home, du selerat, du menteur, du fourbe.

Mais il faut toujours observer, que les heures qui s'emploieront par ce trait d'histoire à faire entrer dans l'esprit de l'Ecolier, les motifs & les sentimens de vertu qui tendent à rectifier les sentimens de son cœur, soient en plus grand nombre que les heures qui seront employées à perfectionner les qualitez de son esprit, & à cultiver sa mémoire, & cela par la regle qu'il faut toûjours que l'Ecolier done plus de tems à aquerir les habitudes les plus importantes à son propre bonheur, & au bonheur des autres, qu'à aquerir des habitudes beaucoup moins importantes.

Mais ce même trait d'histoire poura faire la matiére de quelques instructions sur la Géografie, sur la Cronologie, sur la Jurisprudence, sur l'Art Militaire &c. dont le Regent aura ocasion de parler, toutes choses qui serviront à imprimer davantage, & l'histoire, & les maximes de prudence, qui y seront démontrées.

Ce même endroit de l'histoire peut-être conté d'une maniére plus longue, avec plus de circonstances sensibles pour les basses classes, car il faut secourir l'imagination des enfans par un plus grand nombre d'images fenfibles & faire toûjours parler les pérfonages, il ne leur faut pas tant de reflexions generales qu'ils ne font pas encore en état d'entendre.

Cela me fait penfer que pour infpirer aux enfans plus d'aplication aux fiences dont on veut leur doner les premieres leffons, il faut y mêler autant qu'il fera poffible quelque chofe de la vie de ceux qui y font devenus illuftres, & leur en enfeigner diverfes parties à propos de diverfes traits d'hiftoires dont les fentimens & les mœurs foient l'objet principal.

De ce que je viens de dire on peut comprendre que je panche à faire des principaux endroits de l'hiftoire, le principale fonds de la tablature pour tout ce qu'il y a de fpéculatif dans l'éducation.

Mais le point principal, c'eft ce qu'il y a de pratique, c'eft-à-dire, l'exercice de la juftice des Ecoliers entre eux, l'exercice de la politeffe, de la patience & des autres parties de la bienfaizance dans leurs actions, dans leurs jeux, dans leurs difcours & cela toûjours bien lié, bien enchainé avec les plus puiſſans motifs ; & de là on voit que le Préfet de chambre, qui ſera bon obſervateur de ce qu'ils feront de bien & de mal entre eux, peut lui être beaucoup plus utile dans la chambre que le Regent même dans les exercices de ſa claſſe.

Les enfans ont un grand plaiſir à entendre des hiſtoires où les mechans ſont punis & les vertueux recompenſés, il faut donc ſuivre cette indication de la nature & leur doner de pareilles hiſtoires, mais il y a un inconvenient, c'eſt que les vrayes hiſtoires nous fourniſſent peu d'exemples & ſouvent ils ne ſont ni aſſez proportionés aux Ecoliers ni aſſez embélis dans les originaux par les circonſtances intereſſantes, & cela me fait penſer qu'outre les vraies hiſtoires il faut encore nèceſſairement compoſer pour les enfans des Romans vertueux & en faire pour toutes les claſſes.

Je croi de même qu'il ſeroit à propos de leur faire joüer des ſcènes vertueuzes & d'en compozer exprès à la portée des plus baſſes claſſes ; il faut emploier la fiction & la verité pour faire aimer la vertu & pour faire haïr le vice; mais il faut avoir foin de doner aux enfans la fiction pour fiction, & la verité pour verité, c'eft au bureau à faire bien payer ceux qui compoferont les meilleurs Romans vertueux pour les diferentes claffes.

OBSERVATION XXXI.

Romans Vertueux.

AU lieu de faire lire aux Ecoliers des preceptes, des liftes feches de vices & de vertus qu'ils liroient avec dégout, il faut mètre en Roman les actions vertueufes, les difcours d'un jeune home vertueux & cela en contrafte avec les difcours d'un Ecolier vicieux, qui fait toutes les fautes & qui a tous les défauts conus parmi les Ecoliers.

Peindre ces défauts d'un grand nombre de cotez & dans diferens poinƈts de vües qui fourniront les fituations que l'auteur du Roman fera naître.

Peindre toujours ces defauts avec des

couleurs qui les rendent odieux, meprifez & punis.

Peindre ces défauts pour la portée des deux plus baffes Claffes.

Les peindre dans leur naiffance avec toutes leurs mauvaizes excufes.

Peindre ces mêmes defauts pour les autres claffes fuperieures, en peindre l'acroiffement en chofes plus importantes.

La lifte des defauts, des actions vicieuzes & des difcours vicieux fervira au Romancier à ne rien omètre de ces peintures, à les ranjer de maniere que l'on voye comment les defauts naiffent les uns des autres.

Peindre ces vices dans leurs excès hors du Colege.

Peindre les actions & les difcours de l'homme fautif & fes excuzes de maniere qu'il foit impoffible à l'Ecolier fautif de n'y pas reconoître fes fautes, fes defauts, fes excuzes, fes prétextes; & il faut que ces peintures foient fi naïves & tellement faites d'après nature que ce foit un bon miroir, où chacun puiffe facilement fe reconoître lui même, tandis qu'il y reconoit la plûpart de fes camarades.

Obferver la même metode à l'égard

des actions vertueuzes & des difcours vertueux, & fur tout fes motifs & expofer fouvent les récompenfes de ce monde & de la feconde vie.

Il faut fouvent faire rencontrer le vertueux prudent avec le vicieux imprudent, il faut fouvent leur voir prendre des partis opofés dans pareilles conjonctures avec des raizons très opofées.

Je ne dis pas que de pareils Romans foient faciles à bien faire, mais je foutiens qu'il fera facile de les perfectioner tous les cinq ans fi l'on done le foin à un Filofofe Crétien de compofer le canevas des penfées, & fi l'on charge un homme d'une imagination feconde & bon écrivain, de bien mètre en euvre les obfervations du Filofofe.

Pour faire un Opera il faut ordinairement deux homes qui s'entendent, un Poëte & un Muzicien, c'eft qu'il eft rare de trouver un excelent Muzicien dans un excelent Poëte, comme il eft dificile de trouver un agréable Romancier dans un Filofofe profond.

Je demande plufieurs tomes pour une feule claffe pour pouvoir en lire un chapitre tous les deux jours & un autre jour on liroit des traits hiftoriques un peu embelis & acomodés au teatre.

 Voilà de ces livres claffiques, dont les Auteurs doivent être recompenfés de penfions par l'avis du Confeil de l'Education, à proportion de la grande utilité de leurs ouvrages.

OBSERVATION XXXII.

Habit uniforme.

J'Ai obfervé que dans certaines Communautez Religieuzes, les filles penfionaires & les Ecoliers penfionaires ont des habits uniformes; il faut conter pour beaucoup d'acoutumer les enfans à n'eftimer que peu les diftinctions exterieures, qui vienent des richeffes, de la grande dépenfe, de la magnificence & autres diftinctions de pure vanité, & qui ne peuvent produire qu'une gloire vaine & frivole; il faut les acoutumer au contraire à n'eftimer que la confideration & la diftinction qui vienent des qualitez diftinguées ou de l'efprit ou du cœur ; or cette uniformité, cette
fimplicité

simplicité dans les habits peut y contribuer, je ne parle point ici des Princes du Sang Roial, s'il y en avoit dans le grand Colege; il est du bon ordre d'acoutumer les enfans au respect & à la soumission qui est nécéssaire pour maintenir dans les Monarchies l'autorité Royale & par consequent la tranquilité publique.

A l'égard des Ecoliers, qui pour les qualitez distinguées du cœur ou de l'esprit auroient mérité des distinctions, il sufiroit que sur leur habit uniforme, ils portassent quelque marque exterieure qui les distinguat entre leurs pareils.

Cette observation paroîtra peut-être une minucie, mais à la considerer de près elle ne merite pas, ce me semble, d'être negligée, tout ce qui peut diminuer dans les enfans leur gout pour la distinction frivole, & augmenter leur goût pour la gloire la plus précieuze est plus important qu'on ne s'imagine.

OBSERVATION XXXIII.

Trois considerations propres pour inspirer la pratique de la patience & de l'indulgence.

LE motif le plus élevé que l'on puisse avoir pour souffrir sans se plaindre, les insultes, les injures des superieurs, des pareils, des inferieurs, & les négligences des domestiques est sans doute le motif d'imiter Dieu, qui nous pardone si souvent nos fautes, mais il y a encore trois autres motifs humains qui ne sont pas à négliger.

1°. Si vous cherchéz à vous vanjer, en quoi serez vous plus parfait que celui qui vous a ofensé ? or ne cherchez vous pas à surpasser vos pareils en vertu comme en talens ? ne vaut-il pas beaucoup mieux même les surpasser en vertus qu'en talens ? A quoi servent les talens sans vertu sinon à se faire plus hair ?

Rien n'est si comun que le sentiment de venjance, il est si comun, que si les brutes ont des sentimens ils ont celui de la vengeance; or vous qui voulez vous diſtinguer entre vos pareils encore plus du côté du cœur que du côté de l'eſprit, voulés-vous n'avoir que des ſentimens ſemblables aux ſentimens des plus vils animaux, & des hommes les plus mépriſables ? Eſt-ce penſer noblement que de penſer come les homes les plus mépriſables de la lie du peuple, qui n'ont eu aucune éducation ?

2°. On ne nous ofenſe preſque jamais volontairement, que nous n'ayons les premiers ofenſés. Au moins par imprudence, ou parce que les ofenſeurs ne conoiſſent pas nos bones intentions; faites crédit à celui qui vous a ofenſé, & qui eſt en quelque ſorte votre débiteur, puiſqu'il vous doit une réparation, donez-lui loiſir de conoître vos bones intentions, & combien vous êtes éloigné d'avoir voulu l'ofenſer, il reviendra pour vous, il ſentira même de la reconoiſſance de votre conduite douce, patiente & pleine d'indulgence, il s'apercevra qu'il vous avoit pris pour tout autre que vous n'êtes, & en voiant que vous cherchéz encore à lui faire plaiſir, il ſera très fâché de vous avoir ofensé, il cherchera à son tour à vous faire plaisir, & sera le premier à chanter vos loüanges & à estimer votre vertu, c'est ainsi que vous serez recompensé au double de lui avoir fait credit, & de lui avoir pardoné.

On conseilloit un jour à Socrate, qui venoit de recevoir une insulte de se vanjer, en lui dizant qu'il lui seroit facile de mortifier l'ofenseur impunement, & c'est précizément par votre raizon *d'impunité*, répondit-il, *que je n'ai garde de suivre votre conseil.*

Vous seréz bien plus porté à pardoner quand vous sonjeréz que le plus souvent l'ofense que vous recevéz n'est qu'une venjance du déplaisir que vous avez causé par quelque parole imprudente, par quelque negligence, par quelque inatention que l'on aura interpretée comme un mépris. Quelquefois même vous ofenséz par vos bons succés, par vos talens bien employés, qui vous atirent des loüanges, qui blessent toujours les envieux, car alors vous aurés beaucoup moins à pardoner quand vous verréz vous même par vos reflexions que vous avez été sans y penser, & très innocemment le premier ofenseur.

3°. Pourquoi êtes vous en colere contre votre domestique, c'est que vous atendiéz trop de son esprit, de son atention & de son afection ? Atendéz vous à moins il ne vous fachera plus dans ce qu'il fait de mal, & vous surprendra souvent agréablement en lui voiant faire ce à quoi vous ne vous atendiéz pas.

C'est d'un coté votre faute d'avoir pris une idée trop avantajeuse de son intelligence & de son afection, cette idée lui a nui dans votre esprit, rabatéz-en la moitié, vous vous atendrez à moins, il ne fera alors presque plus de fautes que vous oziés lui imputer comme vous n'imputéz pas comme faute à votre chien de ne pas faire ce qui passe le chien, vous serez de même très content de votre domestique, vous lui épargneréz des reproches pleins d'aigreur, & vous vous épargneréz des mouvemens de colere, quand vous n'atendréz de lui que ce que vous en devez atendre.

S'il a peu d'afection pour vous, c'est encore moins sa faute que la vôtre, puisque c'est votre faute si vous ne lui en inspirés pas davantage, l'afection est un sentiment agréable, ainsi votre domestique ne demanderoit pas mieux que d'en sentir, mais on ne s'en donc point, on la reçoit du Maître, ainsi presque toujours c'est votre faute quand vos domestiques n'en ont pas autant que vous le souhaiteriés.

Voilà coment en faisant justice aux autres, & en prenant sur vous la part que vous devés prendre de la source des negligences de vos domestiques, & de la cauze des ofenses que vous recevez quelquefois des autres hommes, vous diminurés beaucoup leur tort, & par consequent votre douleur, votre ressentiment, votre colere; telles sont les trois considerations raizonables, qui tendent à rendre la societé beaucoup moins dezagréable ; tels sont les motifs, qu'il sera facile d'inspirer peu à peu aux enfans de 12 ou 15 ans, par toutes les manieres, dont les sentimens s'inspirent aux homes, lectures, reflexions, scènes vertueuses, exemples, exhortations, &c.

OBSERVATION XXXIV.

Ocupation au sortir du Colege.

DAns notre forme de gouvernement il y a un grand défaut pour les jeunes gens de 16. ou 17. ans, qui au sortir du Colege vont demeurer dans des maisons particulieres sans discipline, sans exercices journaliers de la justice & de la bienfaizance que nous avons tant récommandées pour l'Education de la jeunesse, ce sont des jeunes gens destinés au Clergé, à la Magistrature, à la Guerre, à la Medecine &c. Voilà pourquoi j'opine, que la plûpart demeurent toujours enferméz dans les Coleges pour continuer les études de leurs professions particuliéres en continuant la même discipline, pour fortifier par la pratique, par les exemples & par les préceptes, l'habitude à s'éloigner des vices & à la pratique des vertus.

Sans la continuation des exercices pour ces deux vertus, il est dificile qu'ils ne se débauchent & ne se corompent les uns les autres, & ne perdent en partie le principal fruit de leur Education, & c'est pour cela, que je fais incomparablement plus de cas de l'Education des Ecoliers pensionaires, que des Ecoliers externes; je suis même persuadé que les éxemples des externes mal disciplinéz, nuizent aux pensionaires & afoiblissent peu à peu l'effet de la bone discipline, mais c'est un mal nécessaire, & si les pensionaires y perdent, les éxternes y gagnent,

Il est à souhaiter pour l'Etat, que les Ecoliers, qui au sortir du Colege retournent habiter avec leurs familles, soient en même tems employéz chacun dans sa profession, & mis en comerce avec des persones plus agées, de l'exemple & de l'experience desquelles ils puissent comencer à profiter, mais le poinct principal est de leur doner une ocupation journaliere au moins de quatre ou cinq heures par jour, & je vois avec peine que notre police n'a pas encore asséz pourvû à cette ocupation, du moins pour certaines professions,

par

par exemple pour le Clergé & pour les gens de guerre.

Pour le bonheur de la vie la plûpart des homes ont besoin d'une ocupation de devoir durant quelques heures par jour, voila pourquoi j'aprouve fort la métode nouvelement inventée pour les jeunes Magistrats, de leur doner entrée dans les compagnies pour raporter, pour écouter, pour dire leur avis, mais de diferer de conter leur voix jusqu'à vint cinq ans.

Il est certain, que si tous les Coleges des garsons & des filles étoient établis sur ce modéle dans tous les Etats Crétiens, il se trouveroit après trois ou quatre générations un très grand chanjement en bien dans le monde riche & bien élevé; & peu à peu dans le peuple même qui emprunteroit ses maximes de conduite des riches, qui auroient eu une Education très saje & très-vértueuze.

Ceux qui ont été élevés dans les Coleges font plus de cent mille chefs de famille en France; or quelle diférence pour nos mœurs si dans vint ou trente ans, il y avoit dans notre Nation cent mille chefs du peuple

R

tous fort accoutuméz à la pratique journaliere de la justice & de la bienfaizance.

Jusques à ce tems là il faut conter que les jeunes gens, qui sortiront d'un pareil Colege rencontreront dans le monde où ils entreront beaucoup de maximes injustes, imprudentes, déraizonables & contraires, à celles qu'on leur aura enseignées, mais cette déraizon diminuera de génération en génération, & ceux qui vivront dans cent cinquante ans, auront l'avantage de vivre dans une societé beaucoup plus raizonable, plus juste, plus vertueuze, incomparablement plus tranquile, plus agréable, & plus remplie des hautes esperances d'une immortalité délicieuze.

Si l'on suit dans les Etats Crétiens la forme de gouvernement aprouvée autre fois par le Daufin Bourgogne Pére du Roi, que j'ai éclaircie, & qui assurera aux Citoyens des récompenses proportionnées à leurs talens, à leurs services, à leurs travaux, & à leurs vertus, les jeunes gens bien élevés au sortir du Colege n'auront plus à combatre contre les mauvaises mœurs des persones plus agées qu'ils trouveront dans le monde, car il n'y aura plus de mauvaizes mœurs, que parmi des homes sans talens; sans emploi publiq & sans aucune consideration; & comme ces jeunes gens verront les talens honorés & la vertu respectée même par le peuple, ils n'auront, s'ils veulent valoir quelque chose, nule peine à suivre les traces des grans homes, ou s'ils ne valent rien ils tomberont avec les faineans, & la classe du bas peuple dans un honteux mépris.

TROISIEME PARTIE.

Objections.

OBJECTION I.

Es vües sont sajes & judicieuzes, mais nous n'avons point de Bureau autorizé à les examiner, à les rectifier, à les augmenter & à former des statuts pour perfectionner nos Coleges; les Ministres, quelques bones intentions qu'ils ayent ne peuvent, faute de loisir, former ces statuts sans le secours d'un Bureau.

Je voi d'ailleurs que pour mieux instruire notre jeunesse, & en moins de tems, il faudroit dans chaque Colege plus de dépense pour le nombre des Régens & des Répetiteurs ou Préfets des chambres, il faut diférentes sales pour la même classe, il faut des Régens de suplement, il faudroit des pensions pour les Professeurs & pour

pour perfectionner l'Education. 197
les Administrateurs, qui se distingueroient entre leurs pareils ; or où prendre les revenus nécéssaires, s'il n'y a un Bureau qui étant bien informé ne marque pas ce qui manque de revenu à tel ou tel Colege.

Les Coleges eux mêmes sont des corps composés de Professeurs & d'Officiers principaux qui se contrarient souvent dans leurs opinions & qui n'ont aucunes dépendances les uns des autres, ils ne voudront jamais s'assujetir à rien changer à leur routine ; ainsi je ne voi pas que ni par l'autorité de l'État, ni par la persuasion, vous puissiéz espérer de perfectionner l'Education de la jeunesse.

Les Coleges sont même entre les mains des Universitéz & de compagnies réligieuzes, puissantes & jalouzes les unes des autres, ce que l'une adoptera, l'autre ne voudra pas l'adopter ; or qui reglera ces contestations avec une autorité sufizante, s'il n'y a un Bureau établi pour regler les affaires des Coleges ? ainsi je voi, que vos vües quoique avantajeuzes pour la nation, & même pour toutes les nations rencontrant dans

R iij

toute l'Europe pareils obstacles, demeureront entierement infructueuzes.

RÉPONSE.

1°. Des vûes sages & utiles au publiq, quand elles sont une fois à mètre en pratique, quand elles sont bien éclaircies par la reponse à toutes les dificultés n'ont plus bezoin pour fructifier, que de rencontrer des circonstances favorables dans certains gouvernemens, de sorte que si ces veües sont sufizamment démontrées, on peut assurer, qu'elles ne demeureront pas toûjours inutiles.

2°. Si quelque Prince établissoit un Colege dans le voisinage de son principal séjour sur un plan semblable, pour y élever les Princes de son sang, & plusieurs de ses sujets, les autres Coleges suivroient bientôt le même plan ; or il n'a gueres d'ouvrajes à faire qui puissent plus contribuer à rendre son nom glorieux dans la posterité.

3°. Je sai bien, que ce plan est encore informe, mais un Prince avant que d'établir & de bâtir un Colege,

pour perfectionner l'Education. 199
ne peut il pas le faire rectifier dans diverses assemblées du conseil de l'Education selon les avis des plus habiles Oficiers principaux, qu'il déstinera à gouverner son Colege ?

4º. Ce qui ne se fera pas parmi nous, peut se faire chéz nos voizins & passer ensuite chez nous par imitation ; car les nations empruntent sajement les unes des autres les inventions utiles à la societé. L'home est un animal imitant, parcequ'il est animal raizonable.

5º. A l'égard des fonds pour les nouvelles dépenses nécessaires pour perfectionner les Coleges, l'Etat peut y supléer sur les avis du Bureau de l'Education, & il y a plusieurs moyens très comodes & très faciles pour unir peu à peu de grans revenus aux Coleges & aux Hôpitaux, sans rien exiger des peuples, sur tout parmi les nations Catoliques, je les marquerai dans un mémoire séparé.

Il est vrai, qu'il n'y a point encore dans l'Etat de Bureau autorisé pour veiller à perfectionner l'Education, mais un Bureau, qui n'est pas encore formé, & qui seroit si avan-

R iij

tajeux ne peut-il pas se former pour ainsi dire en une heure ?

OBJECTION II.

Je soutiens contre votre opinion, qu'un bon Régent peut sufire pour enseigner cent Ecoliers.

RÉPONSE.

1°. Les persones experimentées, que j'ai consulté dizent qu'un bon Régent ne peut bien enseigner que cinquante ou soixante Ecoliers, ainsi un Colege de dix classes contiendroit six cens Ecoliers : il faut remarquer, que pour avoir soixante Ecoliers dans les dernieres classes, il faut qu'il y en ait plus de quatre vint dans les premieres.

2°. Il ne s'agit pas de former des Coleges peu utiles, qui coutent peu à l'Etat, & où les Ecoliers pour la plûpart perdent leur tems, il s'agit de former de bons Coleges, où les Ecoliers avancent tout autant, qu'il est possible vers les vertus & vers les talens les plus utiles à l'Etat, il faut par conſequent ſupoſer une dépenſe néceſſaire en nombre de ſales, en nombre de Régens & de Précepteurs de chambres à proportion du nombre des Ecoliers ; or l'on a veu, que c'eſt une des dépenſes les plus importantes pour la grande augmentation du bonheur de l'Etat.

OBJECTION III.

Je conviens, que pour les deux plus hautes claſſes générales, il faut que ce ſoit toûjours le même Regent qui faſſe la même claſſe, & qui enſeigne les mêmes matiéres, parcequ'il aprendra mieux avec le tems, ce qu'il faut ou ajouter ou diminuer à ſes leçons pour perfectionner la métode d'enſeigner, mais pour les baſſes claſſes, il ſemble qu'il ſeroit plus utile aux Ecoliers, que le même maître conduiſit les mêmes Ecoliers durant les ſix premiéres anées dans ſix claſſes diferentes,

RÉPONSE.

1°. Comme les livres & les instructions classiques pour chaque classe seront impriméz, il sera facile à chaque Regent de continuer la même métode du Regent de la classe inferieure ; car il est à propos, que la métode du Colege, & même de tous les Coleges, soit uniforme sauf à chaque Regent de doner ses observations au principal Oficier pour perfectionner la métode générale, & sauf au principal de les comuniquer au Bureau de l'Education.

2°. Le Regent au bout du premier mois conoîtra bientôt le dégré d'intelligence de chacun de ses cinquante Ecoliers, il le poura même savoir par la liste, & les notes du dernier Regent, qu'ils auront quité, ainsi il saura bientôt coment il doit encourajer les uns, & piquer les autres.

OBJECTION IV.

Il faut des jours de relâche pour

les Ecoliers, il leur faut des jours de conjé.

RÉPONSE.

1°. Pourveu qu'ils ayent des heures de jeux, d'exercices, pourveu qu'ils n'ayent point des exercices trop longs & trop uniformes, & que leurs exercices soient sufizament variéz & même quelquefois un peu contrastéz, ils seront toûjours agréablement ocupéz, & loin de dezirer la cessation de ces éxercices agréables, ils en désireront toûjours la continuation. Quand les Ecoliers en desirent la cessation, c'est une preuve, que la metode du Colege n'est pas asséz bone, la bone métode est semée de petits plaisirs.

2°. A l'égard des Regens je demande pour eux des jours de conjé, & c'est pour cela, que je demande des Regens de suplement, qui soient àcoutuméz à la métode générale, on poura prendre ces Regens de suplement, parmi les Préfets des chambres surnumeraires.

3°. Il faut doner aux Ecoliers pour récompense de leur aplication à certaines matiéres l'Etude de quelque choze d'agréable, qui leur serve de délassement utile, ainsi ils auront leur journée partagée en heures d'aplication quelquefois une pènible, & par récompenses en heures de divertissemens utiles.

OBJECTION V.

La proposition d'un Bureau perpetuel tant pour former ce bel établissement que pour le soutenir & le perfectionner me paroît un moien général très sensé & très eficace, je l'adopterois avec plaisir, si j'étois ou Roi ou Ministre général, mais les Rois, les Ministres comme les autres homes, pour avoir tout l'honeur d'un pareil établissement, qu'ils ne sauroient former tous seuls, auront de la peine à établir un Bureau, pour faire la grosse bezogne, & la plus dificile, ainsi pour leur faire mieux gouter ce projet, je ne parlerois point du tout de former un pareil bureau.

RÉPONSE.

1°. Si un Prince, si un Ministre

pour perfectionner l'Education 205
général goute ce plan, il songera à l'éxécuter, alors s'il croit pouvoir se passer d'un Bureau perpetuel, la proposition de s'en servir pour en recevoir du soulagement ne le rebutera pas de l'execution ; au contraire il sera bien aize qu'elle ait été faite publiquement, afin de montrer au publiq, qu'avec son seul genie & son seul travail, il peut sans aucun secours en venir à bout.

2°. Il y a des Rois & des Ministres généraux, qui à cauze de la multitude des bons établissemens, les veulent faire sans perdre du tems durant leur regne, pour se rendre plus recomandables dans la posterité ; or il est vizible que pour ceux là qui sont le plus grand nombre, ils seront fort aizes qu'on leur ait ouvert l'avis de se faire aider dans l'execution d'un si vaste projet par un Bureau perpetuel.

OBJECTION VI.

Cet ouvrage sent un peu trop la devotion & la prédication, il semble que l'Auteur veüille faire de tous les Ecoliers autant de Religieux, & cela ne convient pas à la societé,

RE'PONSE.

Il est vrai, que tout ce que je bâtis sur l'esperance d'une vie délicieuze, & sur la crainte d'une vie très malhureuze après la mort pouroit bien ne pas plaire à certaines persones du monde, d'ailleurs honêtes gens & gens d'esprit, mais qui n'ont fait jusqu'ici presque aucun uzage, ni de cette crainte salutaire, ni de cette esperance consolante, qui est le fonds solide de toute Religion tant soit peu raizonable : mais ils n'ozeroient, s'ils ont de la raizon, soutenir que cette crainte & cette esperance d'une seconde vie, ne soit en même tems très raizonable & très utile, même à la societé humaine qu'ils souhaitent voir tous les jours plus parfaite : ainsi qu'ils s'en prenent à leur indolence sur ce chapitre, & qu'ils ne me fassent plus de reproches, puisque j'ai parlé consequamment à des principes très raizonables qu'ils admetent.

Mon but est de rendre les homes plus religieux, mais non pas d'en faire des Religieux, c'est que plus ils seront Religieux plus ils seront vertueux & hureux, & plus leur nation en sera hureuze.

OBJECTION VII.

Des Religieux m'ont fait une objection toute opofée, ils m'ont dit, qu'il n'y avoit pas affez d'onction, affez d'air de devotion dans mon ouvrage, & que toutes les societéz protestantes peuvent adopter ce que je dis de la Religion.

REPONSE.

1°. Je n'ai pas vizé à faire un livre de devotion, mais à doner à ceux qui gouvernent les Etats & à ceux qui gouvernent les Coleges des vües pour perfectioner l'éducation, je ne prêche pas, je démontre; or celui qui démontre ne vize qu'à inftruire l'efprit, & qu'à perfuader ceux qui prézident à l'éducation, celui qui prêche n'a pour but que d'imprimer des fentimens & de remuer le cœur ; or je n'ai point vizé à l'éloquence de l'onction.

2°. N'eft-il pas vrai, que nous ne diferons point des Proteftans fur la morale Crétiéne, c'est à dire, sur les injustices qu'il faut éviter, & sur les bienfaits qu'il faut pratiquer.

3°. J'ai prétendu doner un modèle d'éducation qui puisse servir à toutes les Nations Crétiénes, & former par tout des homes d'un comerce desirable qui pussent se tolerer mutuellement, & vivre ensemble dans l'observation de la Justice, & dans la pratique d'une bienfaizance mutuelle pour plaire à Dieu, & pour obtenir le Paradis; or n'est-il pas évident que cette premiere vie n'en sera que plus tranquile & plus hureuze.

OBJECTION VIII.

Il semble, que vous n'estimés gueres les instituts Religieux qui n'ont pas pour but principal, ou de secourir les pauvres & les malades dans les Hôpitaux, ou d'instruire la jeunesse & les ignorans dans les Coleges, de la meilleure metode pour éviter l'Enfer & pour obtenir le Paradis.

RE'PONSE

RÉPONSE.

Je n'ai garde de ne pas eſtimer des Inſtituts qui tendent à inſpirer une obſervation plus exacte de la Juſtice Chrétiéne que celle qu'obſervent les gens du monde, mais n'eſt-il pas raizonable que l'Egliſe & l'Etat eſtiment beaucoup davantage les inſtituts ſoit Eccleſiaſtique, ſoit Religieux, qui tendent au même degré d'obſervation de la Juſtice Crétiéne envers tout le monde, & qui pardeſſus, tendent à la pratique de la bienfaizance Crétiene, & à devenir beaucoup plus utiles aux pauvres malhureux &, à ceux qui ignorent les ſentiers de la vertu ? N'eſt-il pas raizonable de ſouhaiter que les inſtituts les moins parfaits & les moins utiles, ne ſe multiplient dans un Etat Crétien, qu'à proportion qu'ils ſont utiles à la ſociété Crétiéne, & que les inſtituts les plus utiles ſe multiplient aux dépens de ceux qui ſont dix fois moins utiles, & à proportion de l'utilité dont ils ſont aux fideles ? n'y a t'il pas des degréz diferens de ſainteté & de perfection dans les voyes du ſalut ? & n'eſt-il pas de la plus grande sajesse du gouvernement civil & du gouvernement Ecclesiastique de favoriser davantage les instituts qui tendent à imiter d'avantage l'Etre bienfaizant ?

OBJECTION IX.

Le premier but de votre projet sur l'éducation est de diriger l'amour propre & la prudence de l'enfant, pour lui former un discernement juste, pour le garantir de plus de maux, & pour lui procurer plus de biens ; or il me semble que le premier but de l'éducation devroit être de doner aux Ecoliers la conoissance de Dieu & de la Religion.

RÉPONSE.

1.º. Si vous y prenéz garde dans le premier but, qui est d'augmenter la prudence Crétiéne de l'Ecolier, je dis qu'il faut qu'il sache qu'il y a deux vies ; or peut-on lui parler de deux vies sans lui faire conoître Dieu comme juste, comme punisseur des crimes, & comme recompenseur des actions de bienfaizance ? Or n'eſt-ce pas l'eſſentiel de la Religion ?

2°. L'enfant fait & ſent, qu'il joüit de la vie prezente, il veut y être hureux, & s'il ſe peut plus hureux que ſes pareils, c'eſt à dire y ſoufrir moins de maux, y goûter plus de biens & plus grands, tel eſt l'amour propre ; voilà le premier reſſort des actions humaines, vous ne ſauriez vous empêcher de vous ſervir de ce premier reſſort, de ce premier mobile pour le conduire !

3°. Il faut enſuite qu'il ſache qu'il y a une ſeconde vie, plus de cent milions de fois plus longue, & qui ſera ou beaucoup plus hureuze ou beaucoup plus malhureuze que la premiere, ſelon qu'il aura été ou injuſte ou bienfaizant, & alors voilà le ſecond reſſort des actions des homes, qui s'unit avec le premier reſſort, qui eſt le dezir du bonheur de la vie preſente ; or n'eſt-il pas vrai que ſi les deux reſſorts peuvent conſpirer enſemble, ils en ſeront beaucoup plus forts.

Or hureuzement par la force des habitudes de l'éducation, ces deux reſſorts tous deux fondés dans la raizon la plus pure & la plus sublime, que nous tenons de Dieu peuvent s'unir tellement dans la conduite des hommeurs que l'on ne s'opoze jamais à l'autre, & que l'un serve à l'autre, & lui prête plus de force pour l'observation de la justice, de peur de déplaire à Dieu puniisseur des injustes, & pour la pratique de la bienfaizance dans la veuë de plaire à Dieu recompenseur des bienfaizans.

Il est évident, que cette seconde vie est nécéssaire pour punir les injustes, qui n'auront pas été sufizament punis dans cette vie, & necessaire pour récompenser largement les bienfaizans, qui n'auront pas été sufizament récompensez dans la vie presente : il est évident, dis-je, que la conoissance de cette seconde vie doit entrer dans les premieres maximes de la prudence, & cela prouve que la prudence humaine la plus sublime, est la même que la prudence Crétiéne la plus comune.

Or grace à la Divine Providence, cette Prudence Crétiéne, cet amour propre si bien entendu, si éclairé, soit pour la vie presente, soit pour la vie future, conspirent par l'observation de la régle

pour perfectionner l'Education. 215
d'équité, & par la pratique de la régle de bienfaizance, à rendre d'un côté la societé presente la plus hureuze qu'il soit possible, par la voye de la vertu, à doner de l'autre, la plus grande assurance qu'il soit possible à l'Ecolier, d'être garanti de l'Enfer & d'obtenir le Paradis.

Donc ce but qui est d'augmenter la prudence, & de coriger l'amour propre de l'Ecolier, embrassant la conoissance de Dieu recompenseur, étant necessairement le premier mobile des actions humaines, doit être le premier but de l'éducation; or n'est-ce pas le plan que j'ai suivi?

OBJECTION X.

Vous dites à la verité qu'il faut former dans les enfans l'habitude à ne point faire d'injustice ni en actions ni en paroles, de peur de déplaire à Dieu & d'être condâné à l'Enfer, qu'il faut former en eux l'habitude aux actions de bienfaizance pour plaire à Dieu, & pour obtenir le Paradis, mais vous ne demandez point qu'on forme en eux l'habitude de l'amour de Dieu ni l'habitude de l'humilité Crétiéne,

RÉPONSE.

1°. Ne point faire d'injustices renferme toute défense de faire toute sorte de mal aux autres ; *or quand c'est de peur de déplaire à Dieu* n'est-ce pas amour de Dieu uni à la Justice pratique : faire du bien aux autres *pour plaire à Dieu*, n'est-ce pas amour de Dieu uni à la bienfaizance pratique.

2°. Consentir à ne pas demander aux autres qu'ils nous rendent à la rigueur, ni tous les égards, ni toute l'estime, ni toute l'atention, ni toute la reconoissance, ni toutes les loüanges qu'ils nous doivent, consentir sans peine qu'ils nous méprisent plus qu'ils ne doivent, ou qu'ils ne nous estiment pas autant qu'ils doivent, & qu'ils nous le marquent, soit par des paroles, soit par des actions, les traiter par raport à soi-même avec plus d'égards qu'ils ne meritent, & cela par esprit de bienfaizance pour plaire à Dieu Créateur & Redempteur, n'est ce pas humilité & humilité Crétiéne ? n'est-ce pas honêteté, prévenance, politesse Crétiéne ? Et tout cela, n'est-il pas renfermé sous le genre de bienfaizance Crétiéne qui est la troisiéme habitude à former dans les enfans?

Et il faut bien observer que l'humilité Crétiéne ne demande pas que l'on fasse de soi même de jugemens faux & trop dezavantajeux de son propre merite comparé au merite d'un autre, mais elle demande que nous traitions cet autre par esprit de bienfaizance, comme si nous le croyions d'un mérite beaucoup plus grand qu'il n'est en effet par raport au notre, & alors nous sommes plus que justes envers lui, & c'est tout ce que demande l'humilité Crétiéne, qui ne peut jamais être fondée sur aucune fausseté; or cette humilité ne fait-elle pas partie de la bienfaizance Crétiéne?

OBJECTION XI.

Il est vrai qu'il seroit à souhaiter que l'on s'atachât dans tous les Coleges à augmenter tous les ans la partie de ce plan qui regarde les pratiques journalieres des Ecoliers, pour fortifier en eux les habitudes à la justice & aux diferentes vertus, qui font partie de la bienfaizance, & sur tout à la patience : mais où trouver d'habiles gens qui veüillent se doner la peine d'inventer des pratiques conformes à un plan si utile, où en trouver même qui soient assez autorisez pour les mettre en execution dans leurs Coleges ? il sufit de la contradiction de quelque Régent opiniâtre pour arêter toute leur execution dans un Colege ; or cependant sans execution c'est un plan agréable à lire, mais très inutile pour la societé.

RE'PONSE.

1°. Ce plan ne consiste pas en une seule pratique, mais en plus de cent cinquante nouvelles pratiques que l'on poura inventer pour fortifier les cinq habitudes; or pourquoi seroit-il impossible d'en introduire dans un Colege tantôt une, tantôt une autre, les Professeurs eux-mêmes se formeront peu à peu sur ce plan, & dans moins de cinquante ans, il y aura dans les Coleges d'excelens Régens propres à élever leurs Ecoliers sur le plan le plus parfait.

2°.

2°. Pourquoi seroit il impossible que le conseil de l'éducation établît pour regle dans chaque Colege, qu'un statut pour une pratique aprouvée par les trois quarts des Regens & autres Oficiers des Coleges sera executé par provizion par ceux mêmes qui sont d'avis contraire?

3°. Pourquoi seroit-il impossible par la même autorité d'établir dans une Université un Conseil de dix ou douze homes choisis au Scrutin pour aprouver aux trois quarts des voix celles des pratiques proposées qui paroîtront faciles & utiles? Pourquoi les Universitéz d'Oxford, de Cambridge, de Leyde, &c. ne formeroient-elles pas pareils Conseils?

4°. Pourquoi seroit-il impossible que les Religieux de France, d'Italie, d'Espagne, &c. qui ont des Coleges, formassent entre eux dans la Vile principale un Conseil d'éducation, pour avizer aux moïens de réduire peu à peu en pratique par petites parties, ce qu'il y a de bon dans ce plan, & pour choisir aux trois quarts des voix, celles qui paroîtroient les plus faciles & les plus importantes?

T

5º. Pourquoi feroit-il impoſſible au Gouvernement de chaque Etat de former un Conſeil d'éducation de dix ou douze Conſeillers. 1º. Pour examiner & autorizer en certaines ocazions certains bons ſtatuts généraux, & pour les rendre uniformes dans tous les Coleges. 2º. Pour unir à certains Coleges de nouveaux revenus provenans d'ancienes fondations beaucoup moins utiles à la ſocieté, en conſervant dans ces unions la memoire des Fondateurs. 3º. Pour procurer à certains Coleges des bienfaits de la part du Roi ou de la République, ſoit privileges, ſoit gratifications, ſoit revenus fixes. 4º. Pour perfectioner les ſtatuts ſur l'adminiſtration du temporel. 5º. Pour récompenſer ceux qui doneroient les meilleurs mémoires pour perfectioner l'éducation. 6º. Pour récompenſer ceux qui feroient de meilleurs ouvrages, ou Hiſtoriques, ou Seniques, ou dogmatiques pour les diverſes claſſes des Ecoliers.

6º. Toutes ces chozes ne ſont nulement impoſſibles avec le tems & avec le ſecours des conjonctures des Miniſtres qui auront le bonheur de ſe conoître en réputation précieuze, & il arive

pour perfectionner l'Education.

ra que les pratiques excelentes passeront insensiblement d'un Colege à un autre, d'une Nation à une autre.

7°. Ce qui est de vrai, c'est que l'on ne comence point à bâtir sans quelque espece de plan, & que sans plan on ne songera point à perfectioner cette importante partie de la police humaine ; ainsi il est toûjours très utile que les bons Citoyens qui président à l'éducation, & que les Ministres zéléz pour le bien publiq, qui conoissent l'importance des Coleges ayent un pareil plan d'éducation devant les yeux, *& c'est le but que je me suis propozé en y travaillant.*

OBJECTION XII.

L'ouvrage est bon & solide, mais il y a beaucoup de négligences dans le stile, il seroit à souhaiter qu'il fut écrit d'une maniere vive & oratoire. On n'aime point ces primo & ces secundo, cela fait languir le stile, & d'ailleurs vous entrez dans des minuties de Coleges qui n'interessent point le lecteur.

REPONSE.

1°. Chaque matiere a un ftile qui lui eft propre, la Geometrie, la Fizique, la Teologie, la politique ont leur ftile, leur éloquence ; il ne s'agit en politique que de démontrer & de faire fentir à l'efprit la force de la démonftration, il ne s'agit pas dans ces matieres d'exciter dans le cœur des fentimens de haine ou d'inclination, de crainte ou d'efperance ; il faut de la clarté dans les idées, il faut de l'aranjement & de l'ordre dans les propofitions, il faut de la juftefle dans les raizonnemens, il faut donq des primo & des fecundo ; tout cela eft affez fecq, j'en conviens, mais c'eft le ftile convenable à la matiere *didactique*, fi l'on y emploïoit des exclamations, des interrogations, des défcriptions fleuries, des antitezes frequentes, des metafores, des alluzions fines, des ironies malignes, toutes ces figures qui font ailleurs un effet fi agréable feroient ici très déplacées.

2°. Je n'ai eu pour but dans cet ouvraje que de parler à ceux qui fe mê-

pour perfectionner l'Education. 221

lent de l'éducation des enfans, qui, par conséquent, s'intéressent fort à tous les détails qui peuvent contribuer à la bone pratique de l'éducation ; ces détails, je l'avoüe, sont des minucies qui n'interessent en rien le commun des lecteurs; mais ici je n'écris que pour ceux qui demandent ces détails, & qui en demanderoient encore volontiers davantage. Mon dessein a été de leur montrer dans un plan nouveau d'éducation, d'un côté, les diverses fins principales qu'ils doivent se proposer, & qu'ils ne se proposent point comme principales, & de l'autre de leur indiquer quelques moïens dont ils peuvent se servir pour y ariver, & dont ils ne se servent point encore. Mon but n'a point été de plaire aux lecteurs oisifs, qui ne sont que curieux; or si le plan que j'expose est jugé beaucoup meilleur que celui que nous suivons, si les moyens que je propose sont jugez convenables, si en conséquence il se fait dans les Coleges quelques changemens propres à perfecctioner l'éducation de la jeunesse; j'ai ateint le but que je me suis proposé.

C'est au Filosofe bon Citoyen à aprofondir les sujets les plus importans, &

T iij

à démontrer clairement l'importance du but, & ensuite la convenance & l'éficacité des moyens, c'est à l'Orateur, au bel esprit à orner, à polir, ou ses propres inventions, ou les inventions des Filosofes; ce sont pour ainsi dire, deux métiers, qui demandent deux homes differens; le premier vize davantaje à être utile qu'à plaire, à procurer au Lecteur des avantajes durables, qu'à lui procurer des plaisirs presens, mais de peu de durée; le second cherche plus à plaire dans le moment qu'à être utile pour l'avenir; j'ai opté pour le premier, c'est à dire pour être utile, ainsi ne cherchés point dans mes ouvrajes les argumens du second.

Les étranjers reprochent à la plûpart de nos meilleurs Ecrivains de ne vizer qu'au brillant de l'esprit, qu'au bel esprit, & non au bon esprit; ce reproche n'est pas sans quelque fondement, mais il me semble que peu à peu nous nous acontumons à estimer moins le brillant pour estimer davantage le solide, notre raizon va en croissant, sur tout, depuis 20 à 30 ans: on comence à demander aux beaux esprits qu'ils joignent l'utile à l'agréable, &

qu'ils preferent le plus utile au moins utile, le mal est que la plûpart n'ont pas encore des idées bien justes de la plus grande utilité publique, mais ils comencent à devenir plus raizonables.

OBJECTION XIII.

Les fonctions des Régens & des Préfets des chambres sont des fonctions très penibles; or vous ne sonjez pas assez à recompenser dans votre plan ces Oficiers du Colege à proportion de leurs services distinguéz.

REPONSE.

1º. Ceux qui en font les fonctions, n'ont pas moins de peine dans le vieux plan qu'ils auroient dans le plan nouveau, & cependant ils se trouvent déja bien payéz ; les Religieux, par les motifs de Religion, les Séculiers par les apointemens.

2º. Dans le nouveau plan ils auroient plus de satisfaction 1º. à cauze du progrez plus sensible de leurs Ecoliers, 2º. à cause du progrez plus important, 3º. à cauze du plus de solidité

& de patience de la part des enfans; 4°. à cauze d'une plus grande variété dans les exercices.

3°. Je conviens que pour soutenir l'émulation entre Oficiers pareils au grand avantage du publiq il faut imaginer des distinctions pour ceux des Régens & des Préfets de chambre qui se distinguent, soit par leur assiduité, soit par leurs talens, & cela à la pluralité des voix des pareils; mais le Conseil de l'éducation ordonera ces distinctions. L'activité, l'ardeur, la ferveur se ralentissent bien-tôt, & les esprits tombent bien-tôt dans l'indolence, dans la paresse, dans la langueur, lorsque la récompense est égale entre le paresseux & le laborieux, entre le grand génie & le médiocre.

OBJECTION XIV.

Il est vrai que vos Préfets de chambres pouront supléer quelquefois aux Régens qui auront congé, ou qui seront malades; mais qui suplera à ces Préfets, qui ont eux mêmes bezoin de jours de congé?

RÉPONSE.

Je conviens qu'il faut toûjours des Régens de suplément & des Précepteurs de suplement; & que pour faire beaucoup avancer les enfans, il ne faut pas qu'ils discontinuent leurs exercices ; mais aussi je supose, que sur les représentations du Conseil de l'Education, les revenus de chaque Colege augmenteront.

OBJECTION XV.

Votre plan peut convenir aux enfans de 14. ou 15. ans, mais il est trop élevé pour les enfans de 7. ou 8. ans.

RÉPONSE.

1°. Ce plan n'est point fait pour les Ecoliers, mais pour ceux qui sont proposez à leur Education.

2°. Il n'y a point d'enfans de sept ans à qui on ne puisse faire comprendre, qu'il est de son interêt que les autres observent le comandement de la justice, *Ne faites point contre un autre &c.* il n'y en a aucun à qui on ne puisse faire comprendre qu'un des moyens d'obtenir des autres, qu'ils soient justes envers lui, c'est d'être de son côté juste envers eux.

Il n'y en a pas un à qui on ne puisse faire comprendre que les injustes s'atirent des maux dèz cette premiere vie, & qu'ils seront très-punis durant un tems infini dans la seconde vie.

Il n'y en a pas un à qui on ne puisse faire comprendre que faire du mal, c'est cauzer de la peine à un autre, qu'il ne voudroit pas que cet autre lui cauzat à lui même.

Or cependant voila ce qu'il y a de plus dificile & de plus important à faire entendre dans ce nouveau plan. Ces instructions peuvent être entendües de cet enfant de sept ans par des choses très sensibles, & dèz la premiére fois, & par conséquent il les entendra encore mieux, quand on les lui repetera souvent, & lorsqu'il les entendra souvent repeter aux autres & en diverses maniéres.

Non seulement on conoîtra bientôt

ce qui est *mal moral*, mais par la même raizon il conoîtra bientôt ce qui est *bien moral*, & par conséquent le précepte *abstenéz vous du mal, & faites le bien*, & cela pour obtenir le Paradis.

Il n'y a point d'enfant de sept ans qui n'ait déja quelque idée de l'enfer & du Paradis, choses encore plus dificiles à se bien représenter.

Je sai bien que toutes ces choses se concoivent plus clairement à mezure que la raizon croist, mais cela ne prouve pas que dèz sept ans les enfans ordinaires ne puissent en concevoir quelque chose, quoiqu'obscurément, aussi les métodes pour enseigner doivent elles être diférentes & proportionées aux ages diferens.

OBJECTION XVI.

Il paroît que vous bâtissez votre édifice de l'Education sur l'anciene distinction du cœur & de l'esprit; je conviens avec vous que l'homme n'agit que par sentiment, ou de plaisir actuel pour le faire durer, ou de douleur actuelle pour la faire cesser, que l'esperance d'un plaisir futur, ou regardé comme futur est elle même un plaisir actuel, que la crainte d'une douleur future ou regardée comme future est elle même une douleur actuelle; je conviens, que suivant votre distinction, ce qu'il y a de plus important à bien diriger dans les enfans, ce sont leurs sentimens, puisque de ces sentimens dépendent leur bone ou mauvaize conduite, leurs bones ou mauvaizes actions, leur bonheur & leur malheur.

Vous avez raizon de dire, que la prudence ou leur amour propre bien dirigé les empêchera de décider trop promptement, leur fera quelquefois prendre conseil, les rendra justes & bienfaizans pour leur propre interêt, que cette prudence les portera à suspendre leur jugement dans les chozes, qui ne sont pas évidentes, à raizoner juste, à cultiver leur mémoire, & à la remplir de faits & de démonstrations les plus utiles pour aquerir divers talens propres à se distinguer entre leurs pareils.

Tout cela est vrai, mais il me semble que vous auriéz pû faire votre plan encore plus simple, en dizant qu'il n'y a proprement à perfectionner dans les enfans que l'intelligence qui comprend la conoissance du bien & du mal, je suis de l'avis de ceux qui disent, *Omnis peccans est ignorans*, si nous prenons de mauvais parties, c'est parceque nous ne voions pas *assez clairement* qu'ils sont mauvais, & combien ils sont mauvais, celui qui a dit :

Video meliora proboque,
deteriora sequor.

ne voioit qu'obscurément tout le bon du parti, qu'il ne prenoit pas, il ne faisoit, que soubsoner, il ne voioit que très imparfaitement tout le mauvais du parti qu'il prenoit, autrement, il ne l'auroit jamais pris, c'étoit un imprudent, mais il n'étoit imprudent, que faute de bien voir & de voir clairement tout le bien & tout le mal qui étoit à considérer dans chacun des deux parties, c'est à-dire, faute d'une intelligence assez étendue, & assez éclairée, & de là je conclus, qu'il n'y a que l'intelligence, & sur tout l'intelligence du bon & du mauvais, qui soit à perfectioner dans les enfans &

que le cœur suivra toûjours l'esprit, quand l'esprit sera sufizament éclairé sur le bon & sur le mauvais des partis oposéz.

RE'PONSE.

1°. Notre dispute n'est proprement que de nom, car ce que j'apele prudence vous l'apeléz intelligence du bon & du mauvais de chaque parti ; ce que vous apeléz perfectionner l'esprit des enfans, je l'apele perfectioner leur raison, nous somes jusques là dans le fonds de même avis, mais nous parlons, nous nous exprimons diféremment.

2°. Pour perfectionner l'esprit des enfans, vous convenéz, qu'il faut sur tout leur montrer, & leur bien montrer combien il leur importe dê'tre justes pour éviter divers malheurs, combien il leur importe d'être bienfaizans, & sur tout patiens dans les injures, combien il leur importe de bien juger, de bien raizoner, d'aprendre beaucoup de faits sur les arts & sur les siences.

3°. Nous sommes acoutuméz à reconoitre en nous la faculté qui ne fait que voir, & que l'on apele esprit, intelligence, entendement, & de la distinguer très sensiblement de la faculté qui sent ou plaisir ou douleur, qui veut, qui hait, qui desire, qui craint ; qui se porte à agir, & que l'on apele le cœur ou la volonté, quoique ce ne soit que la même ame, or cette distinction n'est elle pas bien fondée ? & n'y a-t-il pas beaucoup d'ocasions où l'ame ne fait que voir sans aucun dezir, sans aucune crainte ni sans être portée à aucune action, telle est la situation de l'ame, qui voit une verité Aritmetique, une verité Géometrique, à laquelle elle est déja acoutumée ; or comme il y a bien des ocazions, où l'ame voit un malheur futur ataché presque toûjours à une Nation injuste, & où elle le craint en même tems assez pour s'en éloigner, & quelquefois ne le voit pas assez grand & assez certain pour l'empêcher d'en vouloir courir les risques, afin d'obtenir un bien, qui s'y trouve ataché, & qui est moindre en lui même, & moins durable que l'esprit ne le voit alors ; l'esprit n'est pas alors assez éclairé pour exciter, une crainte sufizament grande, du malheur qui est à craindre, & pour diminuer le dezir du bonheur que l'on se propose en voyant qu'il sera réellement beaucoup moins grand, beaucoup moins durable, qu'il ne paroît à l'esprit troublé & obscurci, ou par la simple ignorance, ou par quelque passion.

L'intelligence qui est asséz éclairée pour rendre l'ame sensible au dezir ou à la crainte, à proportion que le bien est dezirable, ou que le mal est à craindre n'est rien de diférent de la prudence ou de la raizon & c'est cette raizon qu'il s'agit uniquement de cultiver & de perfectionner dans les enfans durant le tems de leur Education : ainsi nous convenons du fonds, quoique peut-être nous ne convenions pas entiérement des termes; mais pour les termes j'ai suivi l'uzaje comun, & les distinctions comunes pour me faire plus facilement entendre.

4°. Si vous diziéz que pour perfectionner la raizon des enfans, ils n'ont pas besoin d'aquerir aucune *habitude*

bitude à faire l'éxamen des partis opoféz que demande la prudence, ou à consulter les prudens avant que d'agir, qu'il n'eſt pas néceſſaire, qu'ils se soient souvent arètéz à déliberer ou à consulter avant que de se déterminer, & qu'il leur sufit pour être fort prudens d'avoir une fois bien veu clairement qu'il eſt néceſſaire, que l'éxamen ou le conseil précéde la résolution, je serois alors d'avis entiérement contraire au vôtre, non seulement quant aux termes, mais encore réellement quand au fonds, car il faut avoir aquis par diférens malheurs l'habitude à éxaminer.

Si vous diſiéz que pour rendre les enfans fort juſtes, & d'une juſtice ferme & conſtante, il n'eſt pas néceſſaire de leur mettre tous les jours devant les yeux cette premiére régle d'équité : *ne faites point contre un autre &c.* qu'il n'eſt pas néceſſaire de leur faire faire *tous les jours* l'aplication de cette régle, qu'il n'eſt pas néceſſaire de les loüer en certains cas, lorſqu'ils ont surmonté une grande peine pour obſerver la regle, qu'il n'eſt pas néceſſaire qu'ils voyent *tous les jours*

V.

dans leurs camarades, cette régle obſervée & récompenſée par des loüanges, qu'il n'eſt pas néceſſaire, qu'ils voyent tous les jours les infracteurs de cette loi ſoufrir la honte, & les autres peines d'une injuſtice que leur a fait faire leur impatience & leur colere; ſi vous diſiéz que pour les rendre conſtament juſtes, il ſufit qu'ils ayent une bone fois veu bien clairement, combien il eſt prudent d'être juſte, combien de maux l'injuſtice entraine après elle, qu'ils n'ayent pas aquis l'habitude à ſe repréſenter tous les motifs de la pratique de la juſtice, je vous dirois, que je ne ſuis point de votre avis, & qu'outre cette démonſtration qu'ils onteüe, il faudroit encore une grande & longue habitude pour leur faire voir toujours de quel côté eſt la juſtice dans toutes les ocaſions où ils ſe ſentent intereſſéz, & tous les inconveniens de l'injuſtice; je vous dirois, que ce n'eſt pas conoître les homes qui ſont faciles à ſe fâcher & à s'énivrer de vin, de colere, d'ambition, d'avarice, d'amour, & qui ceſſent de voir clairement de quel côté eſt la juſtice & toutes les suites facheuzes de l'injustice dès qu'ils sont énivréz de quelque passion; je vous dirois, que vôtre sistême pouroit peut-être convenir aux ésprits purs, que je supose sans passions & sans besoin de bones habitudes, mais non aux hommes qui ont à compter avec les effets, que les objets font sur eux par l'entremize des sens, & qui ne subsistent pour ainsi dire, que de leurs diverses habitudes.

Je vous dirois la même chose sur les trois autres objets de l'Education, il faut des répetitions journalieres, il faut même des exemples journaliers pour aquerir des habitudes, & sans habitudes & de longues habitudes: rien ne reste, ni dans l'esprit, ni dans la volonté, au lieu qu'avec le secours des habitudes tout y reste, tout y dévient comme naturel; c'est l'arbre qui étoit né courbé, qui dévient droit par l'art de l'agriculture, c'est l'arbre, qui sans le secours de ce même art eût porté de mauvais fruits, & qui en porte de bons avec l'invention de la greffe & de la culture.

On peut juger de ce que poura l'habitude au bien qui aura été prize dans nos Coleges par le grand effet, que produit l'habitude à l'erreur dans les fausses Religions humaines. Quelle quantité prodigieuze d'absurditéz, d'impertinences, d'extravagances, d'erreurs, de faussetéz, d'ignorances grossieres; un homme habile, sensé, dèzinteressé & non prévenû, ne trouve-t-il pas dans l'Alcoran des Mahometans? Or que produit en eux la longue habitude de l'Education, & les nombreux exemples; je dis même parmi plusieurs de ceux qui ont d'ailleurs du bon sens & des connoissances; cette habitude d'Education, fait que les choses absurdes leur paroissent sensées, que les impertinences, leur paroissent convenables, que les extravagances leur paroissent raizonables.

Je supoze ce qui est vrai, que les Précepteurs & les Régens à force de montrer tous les jours & plusieurs fois par jour, les malheurs que cauzent dans cette vie, & que cauzeront dans la seconde vie, les injustices aux injustes, & sur tout telles & telles injustices, ils parviendront à lier tellement l'idée d'injuste avec l'idée de malhureux, qu'ils ne pouront presque plus regarder toutes les injustices qu'avec une espece d'horreur.

Alors à force de cette multitude de preuves & de representations de ces maux nécéssairement atachéz à l'injustice, il se formera dans l'Ecolier une espece de jugement habituel qui excitera le sentiment d'horreur, c'est ce que j'apele habitude à haïr, à fuir tout ce qui se presente sous la forme de l'injustice à peu près come on hait ; comme on fuit tout ce qui se presente sous la forme d'un crapau, ou d'un serpent.

Je sai bien que le sentiment d'horreur supose un jugement précédent, que la chose, dont on a horreur, est regardée comme cauze prochaine d'un grand mal, mais ce n'est pas un simple jugement spéculatif, c'est un jugement de sentiment & un jugement habituel, une maniere habituelle de juger telle ou telle action digne d'horreur come devant bien-tôt produire de beaucoup plus grans maux qu'elle ne produira de grands biens.

Quand l'Ecolier a contracté l'habitude de regarder ainsi toute injustice comme un grand mal qu'il doit soigneuzement éviter, il n'a plus bezoin ni de se représenter tous les maux que cauzeroit l'injustice, ni de se rapeller toutes les preuves qu'on lui a aportées à diverses reprizes, des malheurs que l'injustice a cauféz, ainsi cette hureuse habitude suplée au défaut de notre imagination, de notre mémoire, & conduira l'Ecolier aussi seurement & aussi constamment vers la justice que s'il étoit doüé d'une intelligence superieure à toute intelligence humaine.

Telle est la force de l'habitude à craindre ce qui est véritablement digne d'horreur, & à desirer beaucoup ce qui est véritablement très dezirable; or vous conviendrez que cette habitude à sentir, à juger par sentiment, est quelque chose de fort diferent & de bien plus éficace que ce que l'on apele jugement d'intelligence & de pure speculation, auquel cependant il semble que vous atribuéz tant d'éficacité.

Il me semble donq que vous êtes de mon avis dans le fonds sur mon plan d'éducation, mais si pour rézister aux passions qui obscurissent l'intelligence, vous n'admettéz pas la nécessité des cinq habitudes que je propose, je ne dois pas être du votre.

OBJECTION XVII.

Pour mettre bien en pratique toutes vos observations, pour imaginer les meilleurs moyens de les faire pratiquer journellement & facilement aux enfans, il faudroit des Régens de classe & des Préfets de chambre d'un esprit éxcellent, & nous n'avons presque persone de semblable.

RE'PONSE.

1°. JE supoze que ces Régens & ces Préfets de chambre auront dans peu d'anées leur tablature toute formée dans laquelle leurs fonctions principales seront toutes tracées pour chaque mois, pour chaque semaine, & même souvent pour chaque jour, par raport à tout ce qu'ils auront à faire pratiquer aux enfans de leur classe, soit pour rectifier leurs sentimens, soit pour éclairer leur ésprit, ainsi ils n'auront qu'à suivre cette tablature ; or pour la suivre, il ne faut qu'un esprit mediocre, & seulement une routine, ainsi il ne faut que peu d'efprit & peu d'habileté pour la fuivre.

2°. A la bone heure que parmi ces Régens il fe trouve quelquefois des efprits fuperieurs propres à doner de bons avis pour perfectionner un jour cette tablature dans une pratique plus aizée, mais les efprits du comun fufiront pour executer les pratiques & les métodes que les efprits fuperieurs auront inventées, & qui auront été aprouvées par le confeil de l'Education; car je m'imagine, que toutes ces tablatures & ces métodes pouront fe perfectionner tous les dix ans par de bones obfervations, mais hureuzement il ne faudra que des homes d'un efprit médiocre pour les metrre en execution.

3°. Je conviens, qu'il faut du tems pour avoir ces tablatures, ces canevas, ces métodes, ces traits d'hiftoire, ces Romans vertueux, ces petites fcénes dans une perfection convenable, mais de bons efprits y travailleront. On là comencera & les fuccéz des commencemens fur certaines parties de ce projet, doneront couraje de perfectionner le refte, fur tout fi ceux qui

qui gouvernent les états, établissent chez eux un conseil d'Education.

OBJECTION XVIII.

Si on suit votre plan on enseignera partie de toutes les fiences, & partie de tous les arts dans toutes les claffes; favoir les parties les plus faciles dans les plus baffes, & les parties les plus dificiles dans les plus hautes, afin qu'au fortir des claffes comunes, l'écolier avant que d'entrer dans les claffes de profeffions particuliéres, fache déja un peu de tout, & c'eft proprement l'aquifition de la cinquiéme habitude que vous recomandéz, & comme vous recommandéz quatre fois davantaje, l'aquifition & la pratique des quatre autres habitudes, il fe trouvera que cet Ecolier fera d'autant moins exercé dans la cinquiéme fur les langues, fur les arts & fur les fiences, qu'il aura été plus exercé dans les quatre autres; ainfi il faura moins de tout en fuivant votre plan, & en fortant des claffes comunes, qu'il n'en fait prefentement dans le plan de l'Education d'aujourd'hui.

RE'PONSE.

1°. Dans le nouveau plan il n'y a ni jours de conjé, ni vacances, ainsi il y a un quart plus de tems pour l'Education, & par conſequent pour les arts, pour les ſiences, & pour les langues.

2°. La grande varieté de chozes à aprendre pour les cinq habitudes journalieres, fera qu'ils n'auront pas bezoin d'heures de pur délaſſement.

3°. A la bone heure que l'Ecolier ſache moins de latin, pourveu qu'il en ſoit plus prudent, plus juſte, plus bienfaizant, & qu'il raizone plus juſte; c'eſt le principal but de ce nouveau plan, qui done plus de tems au plus important pour le bonheur de l'enfant, & pour le bonheur de la ſocieté, qu'au moins important.

4°. Je conviens que juſqu'à ce que la tablature de chaque claſſe ſoit faite par mois & par ſemaine, où ſoient employez ces diférens exercices, on ne peut pas bien voir juſques où l'enfant ſaura de chaque art, de chaque ſience, mais il eſt certain du moins qu'il

pour perfectionner l'Education 243
saura beaucoup plus de tout ce qui lui est plus important pour son propre bonheur, & pour le bonheur de sa nation.

5°. J'ai déja marqué qu'à l'ocazion d'un morceau d'histoire où l'on exercera la droiture du cœur, & la justesse de son esprit, on ne laissera pas d'exercer encore la mémoire sur des faits qui regardent les arts & les siences; ainsi il sortira du Colege aussi instruit par raport à l'esprit, & beaucoup plus disposé à la pratique de la vertu, ce qui est d'une beaucoup plus grande importance que toutes les conoissances de l'esprit.

OBJECTION XIX.

Il y a assez d'histoires instructives, sans qu'il soit besoin de doner aux enfans des Romans vertueux.

RÉPONSE.

1°. La plûpart des histoires ne sont pas acomodées ni proportionées à l'esprit des enfans, & si on vouloit les y acomoder & en faire de peti-
X ij

tes scènes, de petits dialogues, n'en feroit-on pas de petits Romans ?

2°. Les comedies serieuzes ne laissent pas d'inspirer des sentimens vertueux à l'auditeur, quoiqu'il sache que ce ne sont que des fictions.

3°. Dès qu'il est permis de feindre des circonstances & des scènes dans ce que nous avons d'historique pour mieux faire entrer la vertu dans l'ame de l'Ecolier, pourquoi selon le bezoin ne pas feindre quelquefois les faits principaux pour mieux réussir au même dessein ?

4°. En géneral pour faire plus d'impression sur l'esprit des enfans il faut des scènes ; il faut du Dialogue, & en langue maternelle : or pareils dialogues ne sont-ce pas fictions ? Alors on peut regarder ces fictions utiles, comme des échafaudages, qui peu utiles par eux mêmes n'ont pas laissé d'être fort utiles à construire un bel edifice très utile.

OBJECTION XX.

Si tous les jours vous repétés les mêmes histoires, les mêmes préceptes aux enfans & aux mêmes heures sur la prudence, sur la justice, sur la bienfaizance, sur la justesse du raizonement, vous les ennuirez des préceptes mêmes de la vertu.

RÉPONSE.

Il y aura naturelement dans l'éxercice de ces quatre habitudes, au moins la même variété qui se trouve dans l'éxercice de la cinquiéme, qui a pour objet d'enseigner quelque chose des langues, des arts & des siences, parceque chacune de ces quatre vertus a comme la cinquiéme un nombre prodigieux de subdivizions; ainsi on peut dire, que ce ne feront presque jamais, ni les mêmes exemples, ni les mêmes faits, ni les mêmes loüanges, ni les mêmes blâmes, ni les mêmes scènes: toutes les instructions iront bien aux quatre mêmes fins, c'est-à-dire à augmenter les quatre mêmes habitudes, mais les routes seront toutes diversifiées, & ce sera cette diversité prévüe par le Régent, & non prévüe par les Ecoliers qui en fera le charme, & d'ailleurs des répetitions éloignées, ne s'aperçoivent point ou plaisent même, loin de déplaire, parcequ'elles soulagent & facilitent la mémoire qui aloit se perdre.

OBJECTION XXI.

Pourquoi n'avés vous pas suivi la divizion des Filosofes anciens pour les vertus, lorsqu'ils ont dit, qu'il y avoit quatre vertus Cardinales, prudence, justice, force, & temperance ?

RÉPONSE.

Je trouve que cette divizion n'est pas juste, ce qui est une faute essentielle dans une divifion, car 1°. ni la force, ni l'ardeur, ni le couraje, ni la constance ne sont pas proprement des vertus, mais des maniéres d'être de la vertu, l'amour de la justice du bien publiq est courageux, ardent, constant, ces modes ou maniéres d'être conviennent à toutes les vertus.

2°. La temperance n'est qu'une partie, n'est qu'un effet de la prudence, qui est du nombre de ces prétendües vertus Cardinales.

3°. Comme le but de l'Education est de diriger cette inclination invincible que nous avons pour le plaisir, & cette aversion invincible pour la douleur, que nous apelons amour propre, & comme cete direction est proprement ce que l'on nome prudence, il a falu tout raporter en un sens à la prudence, ensuite il a falu examiner, qui sont les habitudes les plus importantes pour diminuer nos maux, augmenter nos biens, & pour porter la prudence au plus haut poinct.

J'en propose quatre, auxquelles toutes les autres se raportent, deux pour le cœur ou pour les sentimens, savoir justice & bienfaizance, & deux pour l'esprit savoir justesse de raizonement & culture de la mémoire sur les chozes les plus utiles, qui sont les arts & les siences beaucoup plus que les langues, lesquelles ne sont utiles, elles mêmes, qu'autant qu'elles contribuent à nous enseigner les arts & les siences.

Ce sont les quatre parties principales de la prudence, qui devient vertu crétiéne, quand nous la pratiquons pour plaire à l'être souverainement bienfaizant Auteur de la nature & de la grace, & qui n'est que vertu humaine, quand le motif en est purement humain, c'est-à-dire lorsqu'il ne s'étend qu'à la confideration des biens & des maux de notre vie préfente.

OBJECTION XXII.

Dans l'article de l'habitude à la prudence, vous faites entrer l'habitude à l'examen du bon & du mauvais, du bon & du meilleur, du mauvais & du plus mauvais comme partie de la prudence. Pourquoi n'y faites vous par entrer l'examen du vrai & du faux, du certain & du vraifemblable, du plus ou du moins vraifemblable, du plus ou du moins douteux ?

RÉPONSE.

J'ai dit en quelque endroit, que je regardois la prudence comme la vertu générale, qui regarde l'interêt propre ou l'amour propre, & que l'on devoit regarder les quatre autres habitudes, comme les quatre principaux moyens de bien regler son amour propre sur ses plus grans interêts.

Mais si vous y avez pris garde, j'ai regardé aussi ces quatre habitudes subordonées, non seulement en tant qu'elles doivent être avantajeuzes à l'enfant, mais encore en tant qu'elles doivent être avantajeuzes à ses parens & au reste de ses Concitoyens ; & en consequence, j'ai cherché à distinguer les deux habitudes propres à perfectionner les sentimens du cœur, des deux autres habitudes propres à perfectionner les lumieres de l'esprit : or avec ces considerations la place que j'ai donnée a la quatriéme habitude me paroit fondée en raizon sufizante, pour ne pas confondre conoissance du bon & du mauvais, qui nous fait dezirer l'un, & qui nous fait fuir l'autre avec la conoissance du vrai & du faux, du certain & du douteux, du plus ou du moins vraisemblable, lorsque cette conoissance n'interesse que notre curiosité, & lorsqu'elle ne contribue que peu à augmenter notre bonheur, & à diminuer nos malheurs.

OBJECTION XXIII.

Sous quelle habitude placez vous la probité, la compaſſion, l'indulgence, l'humanité, la diſcretion?

RÉPONSE.

Quand on veut y penſer on trouve que toutes les actions loüables ſe raportent à ne point faire de mal, point de tort, point d'injuſtice aux autres, & principalement à leur procurer, des plaiſirs, des biens, des avantajes préſens & futurs.

Or dans ce ſens l'exacte probité eſt une exacte juſtice dans le comerce.

La compaſſion regarde les ſecours, que l'on done à ceux qui ſoufrent, ſi ces ſecours ſont dus, c'eſt juſtice, s'ils ne ſont pas dus c'eſt bienfaizance.

L'indulgence pour les fautes & pour les défauts des autres, eſt de même quelquefois juſtice, & le plus ſouvent bienfaizance.

L'humanité eſt quelquefois compaſſion, quelquefois indulgence.

La difcretion, quand elle regarde les chofes que les autres veulent être cachées eft de même quelquefois une action de juftice, quand on doit le fecret, quelquefois une action de bienfaizance ; quand on ne le doit pas.

On peut dire en général qu'il y a dans l'homme des qualités de cœur & d'efprit fimplement eftimables, qui ne regardent que fon propre bonheur & fon pur amour propre, lorfqu'il ne s'embaraffe point de procurer le bonheur des autres; telle peut être la temperance, l'habileté dans les afaires, l'Economie, la bravoure, l'aplication ; quand celui, qui les a, n'a pour but que d'augmenter fon propre bonheur fans fonjer à augmenter le bonheur des autres, ces qualitez font eftimables pour lui, mais elles ne font ni aimables, ni vertueuzes, ni dignes de loüanges & de récompenfes tant qu'elles ne regardent que lui.

Si l'homme fait uzaje de ces qualitéz non feulement pour lui, mais encore pour procurer l'augmentation du bonheur des autres, alors elles font plus qu'eftimables, elles font encore aimables, vertueuzes, dignes de loüanges & de récompense : celui là par exemple, qui feroit peu de dépense pour pouvoir assister davantage les pauvres, auroit une Economie vertueuze & digne de loüange.

Mais il y a des qualitéz, qui par leur nature sont non seulement éstimables, mais encore très aimables & trèz loüables; par exemple le pardon des injures, l'indulgence, la douceur, la patience sans murmure, la prévenance, la politesse, la complaizance, la discretion, la liberalité, toutes qualitéz qui sont des espéces de bienfaizance; car on ne sauroit pratiquer ces qualitéz, qu'il n'en resulte des avantajes pour les autres, & des avantajes qui sont au delà de la justice qu'on leur doit, & ainsi ces qualitéz sont par elles mêmes non seulement estimables, mais encore aimables & dignes de loüanges, c'est l'amour propre bien dirigé; c'est l'amour propre vertueux, qui nous rend le plus semblable à l'être bienfaizant, en quoi consiste la plus grande perfection des homes, & le culte le plus parfait de la divinité.

La juſtice elle même eſt eſtimable & aimable, mais elle n'eſt pas ſi aimable, ni ſi vertueuze que la bienfaizance, qui va plus loin que la juſtice pour procurer l'augmentation du bonheur des autres.

On peut donq dire que toutes les qualitéz eſtimables du cœur ſont comprizes ſous ces deux genres ; juſtice, qui a pour but de ne cauzer aucun mal, aucun tort à perſone ; & bienfaizance, qui a pour but non ſeulement de faire juſtice, & de rendre tout ce qui eſt deu, mais encore de doner ce qui n'eſt pas deu.

OBJECTION XXIV.

Vous demandéz que chaque jour de l'Education, le cœur de l'Ecolier ſoit du moins auſſi exercé par la crainte & par l'eſperance, que l'eſprit par le raizonement & par la mémoire, nous ſavons déja les métodes pour exercer l'eſprit, mais nous ſommes peu inſtruits de la valeur & de l'eficacité des métodes propres à inſpirer de l'averſion pour le mal, & de l'inclination pour le bien ; de l'averſion pour les injuſtices & de l'inclination pour les œuvres de bienfaizance.

RÉPONSE.

1°. Les lectures hiſtoriques, 2°. les réfléxions Filoſofiques que l'on fait faire aux Ecoliers ſur les actions de juſtice, d'injuſtice, de bienfaizance; 3°. les repréſentations téatrales de ces actions des diſcours vertueux, 4°. les peintures vives des Orateurs, des malheurs cauſéz par les vices, & des grandes récompenſes procurées par les vertus ſont les quatre principales métodes, que l'on doit employer pour fortifier les habitudes à la juſtice & à la bienfaizance; or il eſt vizible, qu'avec le tems ces métodes ſe perfectioneront très ſenſiblement, parceque d'habiles gens en verront la grande importance, & s'apliqueront par conſequent à les perfectionner les unes après les autres, & s'apliqueront davantage à perfectionner les plus eficaces.

Je ſai bien que les ocazions imprevües pour ce qui regarde le perfectionement des ſentimens du cœur font beaucoup plus d'impreſſion ſur

pour perfectionner l'Education. 255

l'esprit des enfans que les éxemples prévûs par le Régent, & marquéz dans la tablature, mais je suis persuadé qu'outre ces ocazions imprévûes qui font plus d'impression à cauze de la surprize, il ne faut pas negliger de prévoir ce qui doit chaque jour exciter dans l'Ecolier les sentimens de crainte pour l'éloigner de l'injustice, & les sentimens d'esperance pour lui faire naître le desir de faire des actions de bienfaizance.

Il faut donq de la préparation pour perfectioner le cœur de la même maniere qu'il faut de la préparation dans le Régent pour perfectioner l'esprit; il ne faut pas tout atendre du hazard, & il faut que le Régent & le Préfet de chambre préparent leurs matieres pour inspirer les habitudes à la versu, lectures historiques, réflexions Filosofiques, petites scenes, passajes écrits oratoirement ou en Epigrammes, ou comme bons mots, autrement presque toutes les heures de l'éducation se trouveront insensiblement employée à ne faire que perfectioner l'esprit de l'enfant, ce qui est retomber dans les grans inconveniens de notre éducation presente, qu'il s'agit de rendre beaucoup meilleure par raport aux sentimens & aux motifs qui doivent nous faire agir le long du jour.

OBJECTION XXV.

Il semble que l'Auteur à l'égard du motif des entreprizes loüables voudroit que l'on adoptât pour formule *au plus grand bien des hommes pour plaire à l'Etre bienfaizant*; or pourquoi ne pas adopter une formule déja conuë à la plus grande gloire de Dieu?

REPONSE.

1°. Dans le fonds le but est le même, puisque ce que l'on entreprend, soit pour l'utilité de ceux que Dieu aime, soit pour la gloire de Dieu a toujours pour but *de plaire à Dieu*.

2°. Cette expression l'*Etre bienfaizant* sert à nous porter, & à la reconnoissance qui est charité ou *amour*, & à l'imitation, qui est le *culte* le plus parfait.

3°. Par cette expression, *à la plus grande gloire de Dieu*, il semble que l'on veüille insinuer que Dieu nous demande

mande plûtôt de le loüer que de l'imiter, cependant il est seur que le culte le plus parfait c'est l'imitation.

4°. Le défaut des ignorans c'est de faire Dieu semblable aux hommes imparfaits, qui desirent des distinctions & des loüanges, ils devroient bien plûtôt porter les homes à devenir semblables à l'Etre parfait, dont la plus grande perfection est d'employer sa sajesse infinie, & sa toute puissance à faire du bien à des êtres libres & immortels.

Il est vrai que les homes aiment la gloire, mais nous sentons qu'il seroit plus parfait d'aimer la bienfaizance qui merite la gloire, que d'aimer la gloire même, qui n'est qu'une recompense des bienfaits.

Or dans une pareille formule du but que l'on doit se proposer, convient-il d'uzer d'expressions qui peuvent porter les ignorans à croire que l'Etre parfait nous ressemble dans le goût que nous avons pour la gloire & pour les loüanges; ce goût est en nous une sorte d'imperfection, qui à la verité est utile à la societé par les bezoins que nous avons les uns des autres, les uns

Y

de bienfaits & les autres de loüanges; mais si l'on y prend garde toujours bezoins, & par conséquent imperfections.

Telles sont les raizons qui me font préférer cette formule pour le but de nos actions, au plus grand bien des hommes, *pour plaire* à l'Etre bienfaizant.

OBJECTION XXVI.

Dans votre plan il semble que plus les Coleges sont peuplez d'Ecoliers plus ils sont dezirables à cauze du plus grand nombre d'exemples de punition des vices, & de récompense des vertus & des talens; mais il y a un inconvenient, c'est que le Préfet principal du Colege aura trop d'afaires pour doner ordre à toutes; ainsi il arivera dans un grand Colege beaucoup plus de dezordres que dans un petit, comme il arive plus de dezordres dans une grande Vile que dans une petite.

RÉPONSE.

Quand un Colege est deux fois trop nombreux, il n'y a qu'à en faire deux

Coleges, les neuf clasſes comunes, à ſoixante Ecoliers chacune l'une portant l'autre, font cinq cens quarante; & les cinq clasſes des cinq profeſſions particulieres à ſoixante chacune feroient 300. & celle où il faudroit étudier deux ans feroient le double, de ſorte qu'un Colege complet auroit plus de mille Ecoliers; or en ſupozant un nombre fizant de bons Précepteurs, & des punitions & des récompenſes ſufizantes, il n'y aura point de dézordre à craindre; le bon ordre dépend de la bonne diſcipline, & du nombre ſufizant de bons Oficiers des Coleges.

OBJECTION XXVII.

Il y a une tablature pour les Coleges des Jeſuites imprimée à Anvers ſous le titre de *Ratio ſtudiorum*; je voi bien que vous en demanderiés une ſemblable par raport à votre plan, ſur tout par raport aux habitudes de la juſtice & de la bienfaizance, mais n'atendés pas ce travail d'un particulier.

RÉPONSE.

J'ai lû le *Ratio studiorum* imprimé à Anvers en 1635. c'est un ouvrage excelent par raport au vieux plan d'éducation que les Jesuites avoient trouvé tout établi dans les Universitez, & dans lequel nos ancêtres paroissent avoir beaucoup plus vizé à perfectioner l'esprit, & à cultiver la memoire qu'à perfectioner l'habitude à la pratique de la justice & de la bienfaizance pour augmenter son bonheur ; on peut dire qu'ils ont perfectioné ce vieux plan à peu près autant qu'il étoit perfectionable en ce tems là, où l'on croyoit encore que le Grec & le Latin étoient des moyens fort importans pour augmenter de beaucoup son propre bonheur, & le bonheur de ses compatriotes.

Plut à Dieu que d'aussi bons esprits que ceux qui ont compilé, & formé il y a cent ans, cette espece de tablature pour toutes les classes des Coleges, employassent autant d'aplication à former une pour l'execution du nouveau plan, dans lequel on vize bien moins à augmenter les lumieres de l'esprit, qu'à en faire un excelent uzage pour augmenter le bonheur des hommes.

Mais pourquoi ce qui s'est déja fait avec fuccèz par nos prédécefleurs plus ignorans que nous, pour perfectioner un ancien plan très défectueux, ne pouroit-il pas se faire par leurs fuccefleurs plus éclairéz qu'eux pour executer un plan nouveau, qui est incomparablement plus beau & plus utile; ils ont trouvé le moyen de divizer l'étude ou l'habitude du Latin en cinq ou fix claffes; pourquoi ne trouveroit-on pas le fecret de divifer l'étude ou l'habitude à la juftice & à la bienfaizance pour plaire à Dieu, dans toutes les claffes par des répetitions journalieres, mais diverfifiées?

Pourquoi plufieurs particuliers, chacun de leur côté ne voudroient-ils pas travailler à faire la divizion des difcours, des hiftoires, des fcènes, des lectures, des exemples, des loüanges, des blames, des motifs qui peuvent confpirer à former l'habitude aux actions de juftice & de bienfaizance? Pourquoi chaque Univerfité ne pouroit-elle pas par ſes députés, former une petite Congrégation qui choiſiroit ce qu'il y aura de meilleur & de plus praticable dans ces divers eſſais de tablatures, pour en former une tablature générale, ſur tout ſi les Auteurs de ces tablatures ont ſoin de motiver chacune des régles qu'ils propoſeront; ainſi l'execution eſt à la verité dificile, mais pourquoi la regarderoit-on comme impoſſible?

Il eſt bon même de remarquer que cette tablature des Coleges des Jeſuites n'a pas été d'abord portée à un ſi haut poinct de perfection, témoin l'ouvrage même de ce *Ratio ſtudiorum* de l'édition de 1635. qui en ſupoſe d'autres bien moins parfaites, & c'eſt ce qui prouve que les ouvrajes humains doivent toujours ſe perfectioner avec le ſecours des nouvelles démonſtrations, & ſur tout avec le ſecours des experiences, & des nouvelles réflexions ſur les experiences.

OBJECTION XXVIII.

Les Princes ſeront mieux élevés dans la maizon paternelle par des Gouverneurs & par des Précepteurs habiles,

pour perfectionner l'Education. 265
& d'une grande réputation de vertu que dans les Coléges.

RÉPONSE.

1°. Rien n'empêche qu'ils n'ayent au Colége ces mêmes Gouverneurs & Précepteurs habiles & vertueux.

2°. Ces Précepteurs peuvent être très habiles & très vertueux sans être habiles Précepteurs, au contraire comme ils sont ordinairement nouveaux dans le métier de Précepteur, ils y font plusieurs fautes qu'ils ne feroient pas s'ils pouvoient comodément conferer dans le Colege avec des Précepteurs qui ont autant d'esprit qu'eux, & qui ont vingt ans d'experience de plus sur l'éducation des enfans, afin de les conduire quelquefois par les plaisirs & par des esperances, quelquefois par des craintes salutaires, vers les qualitez vertueuzes & vers les talens les plus utiles ; ils feroient excelens Précepteurs dans une seconde éducation, mais ils ne sont que mediocres dans la premiere, sur tout s'ils élevent le Prince dans la maison.

3°. Il y a un très grand nombre

de vérités importantes, dans la conduite de la vie que les Princes aprendroient, par le comerce des camarades vertueux & spirituels, qu'ils ne sauroient aprendre parmi des domestiques, & sur tout ils aprendront bien mieux dans le Colege en quoi consiste la justice & l'injustice, & ils verront bien mieux par les punitions des injustices des Ecoliers, combien l'injustice est odieuze, & combien la justice exacte est aimable : or l'amour pour la justice n'est-ce pas la plus importante vertu d'un Prince, & sur tout d'un Prince destiné à gouverner ?

Les camarades Ecoliers sont bien moins flateurs que les homes faits, & les Princes ont bezoin qu'on leur montre souvent les actions & les qualités par lesquelles ils puissent se faire aimer, & se faire véritablement estimer, & la conduite qui mene naturellement à se faire hair & mépriser ; or les camarades enfans dizent aux Princes la vérité avec beaucoup moins de déguizement.

4º. Les punitions & les récompenses des autres Ecoliers qui sont frequentes, aprendroient au Prince ce qui est

pour perfectionner l'Education. 265

est véritablement loüable & plus loüable, & ce qui est véritablement blamable & plus blamable, il n'a pas ce grand avantage dans l'éducation domestique.

5º. Le Prince conoîtra dans sa classe, & même dans les autres classes superieures & inferieures par les diferentes marques d'honeur, les Ecoliers qui ont de la superiorité sur les autres du côté de la vertu & du côté de l'intelligence, & tâchera un jour de les élever & de les aprocher de lui pour son propre avantage, & chacun d'eux pour mériter son estime travaillera à l'envie pour réussir à ses exercices.

6º. Les Princes élevés dans la maison paternelle ne savent pas si bien les régles d'honêteté, de politesse, & les autres régles de bienséance.

7º. Ils sont plus long-tems craintifs, timides, sauvages, trop retirés, craignant & fuyant la bone compagnie.

8º. Les enfans parlent beaucoup plus ensemble qu'avec les grandes persones dont ils n'entendent presque pas le langage.

Or l'habitude à parler & à parler à propos est d'autent plus nécessaire à

Z

une persone que sa place est plus élevée.

C'est aux Princes à doner le prix aux choses; leurs exemples, leurs discours sont des especes de loix pour leurs sujets, & pour en être mieux servis, ils ne sauroient mètre un trop haut prix à la vertu, & aux talens les plus utiles.

OBJECTION XXIX.

Il paroît que vous n'estimez gueres les avantajes que l'on peut tirer du Greq, du Latin & des Auteurs profanes, qui ont écrit dans ces Langues.

RÉPONSE.

Ce n'est pas que je n'estime la conoissance de ces Langues, mais il est vrai que j'estime incomparablement davantage la crainte d'être injuste, & le desir d'être bienfaizant, & que je prefererai toûjours de beaucoup, de fortifier dans les enfans, l'habitude à la pratique de ces vertus, que l'habitude à la profonde conoissance de ces Langues, qui ne nous aprenent plus rien de fort important que nous ne puisfions facilement avoir, & même plus parfait dans notre Langue, à cauze des traductions, & à cauze du grand progrez qui est arivé dans les arts & dans les siences depuis les anciens.

Or persone ne disconviendra de la maxime, qu'entre deux avantages que l'on peut procurer aux enfans, il faut préferer le plus grand, & les faire apliquer à l'aquisition des habitudes à proportion qu'elles doivent être plus utiles à eux, à leur famille, & à leur patrie.

OBJECTION XXX.

Vos principes sont bons, vos conséquences en sont bien tirées, mais vous en tirés trop. Vous ne laissés pas assez de quoi en tirer à vos lecteurs : vous proposés prontement tout ce que l'on devroit faire pour avancer prontement vers la perfection, cela fait que vous donés prize aux esprits superficiels qui se choquent aizément de la nouveauté, quoique apuyée dans le fonds de la raison il leur est aizé de jeter une aparence de ridicule, sur des observations très sensées & très raisonables.

RÉPONSE.

Je travaille pour le bien publiq & même pour les homes futurs, & je ne crains point d'être en bute aux faux ridicules, pourveu que les persones raizonables puissent un jour profiter de certaines conséquences, qui auroient peut être été lontems à tirer, par la même crainte que les autres auront du faux ridicule. Le bon Citoïen laisse plaizanter les faux plaizans, & marche son train ordinaire vers la plus grande utilité publique ; il ne se craint pas non plus que Fabius d'essuïer les plaizanteries mal fondées de ses Concitoïens, pourveu qu'il puisse leur procurer de grans avantajes.

Il me semble qu'il est difficile de mieux loüer un Citoïen courajeux que le fut le grand Fabius par ce vers d'Ennius.

Non ponebat enim rumores ante salutem.

DISCOURS
SUR LA GRANDEUR
ET LA
SAINTETE' DES HOMMES.

DISCOURS

Sur la Grandeur & sur la Sainteté des hommes.

ON dessein est d'éclaircir dans ce discours deux vèritéz importantes à la societé.

La premiere est *la diférence qui est entre homme illustre & grand homme.*

La seconde est *la diférence qui est entre grand homme & grand Saint.*

DIFE'RENCE

Qui est entre l'homme illustre & le grand homme.

Il ne faut pas confondre comme le peuple l'homme puissant avec le grand homme : la puissance vient souvent, ou par la naissance, ou par diférentes conjonctures de la fortune, ou plûtôt par diferens arangemens exterieurs de la providence ; mais l'homme ne devient grand que par les seules qualitéz interieures de l'esprit & du cœur; & les grands bienfaits qu'il procure à la societé ; & ce sont ces grans hommes qui méritent notre estime, nos loüanges & notre rèspect ; car pour le respect exterieur, c'est le partage de l'homme puissant : il ne faut pas non plus confondre le grand homme avec l'homme illustre, nous alons en marquér plus précizément la diférence.

Chaque nation a ses *Grans hommes*. Nous somes portéz naturélement à les comparer entre eux, mais nous ne saurions bien discérner lequel est le plus grand qu'en comparant.

1°. La grandeur de leurs talens pour surmonter les grandes dificultés.

2°. La grandeur de leur zéle pour le bien publiq.

3°. La grandeur des avantages qu'ils ont pocuréz, ou aux homes en general, ou à leurs Concitoïens en particulier.

EPAMINONDAS, ALEXANDRE, SOLON.

Epaminondas paroît le plus grand homme d'entre les Capitaines Grecs. Il est vrai qu'Alexandre a fait plus de bruit par ses grandes Conquêtes ; mais les dificultés qu'il a surmontées, étoient à tout prendre, moins grandes que celles qu'a surmonté Epaminondas : or c'est la grandeur des dificultés surmontées, qui prouve la grandeur des talens, la grandeur du courage, & la grandeur de la constance ; d'ailleurs ce qui est décisif dans la comparaizon de ces deux hommes ; c'est que les entreprizes d'Alexandre n'avoient pour motif rien de loüable, puisqu'il n'agissoit que pour son propre interêt & pour son propre agrandissement ; motif, qui n'a rien de véritablement grand; au lieu qu'Epaminondas avoit pour motif de ses entreprizes, le salut & les grans avantages de ses Concitoïens ; motif très vertueux, & par conséquent très loüable : aussi Epaminondas procura plus d'avantages à sa patrie qu'Alexandre à la sienne ; ainsi Epaminondas eſt grand homme, & Alexandre n'eſt qu'un Conquerant, un guerrier, un Capitaine célébre, un Roi d'une grande réputation entre les Rois, en un mot ce n'eſt qu'un *homme illuſtre*.

Il eſt *permis* de n'avoir pour motif de ſes deſſeins que les interêts particuliers lorſqu'il n'y a rien d'injuſte; il eſt même permis d'avoir pour motif, ſes plaiſirs lorſqu'il n'y a rien que d'*inocent* & de conforme à la bienſéance. Agir uniquement pour ſes interêts, pour augmenter ſa fortune ou ſes plaiſirs, c'eſt le train ordinaire du comun des hommes : mais ce qui n'eſt que *permis* n'a rien de vertueux, & par conſéquent ne mérite aucune loüange.

Les entreprizes qui ne ſont ni loüables ni vertueuzes, parce qu'elles n'ont point pour motif l'interêt publiq, peuvent avoir quelquefois une grandeur aparente par les grans ſuccéz telles que celles d'Alexandre; les grandes dificultés ſurmontées excitent notre admiration, & prouvent, ou le grand courage, ou les grans talens; ainſi les grans ſuccéz de ces entrepriſes dificiles peuvent bien rendre un homme tréz illuſtre, très célébre; mais ſans motif vertueux, elles ne ſauroient jamais en faire un *Grand homme*.

Telle est la régle que nous dicte la raizon : or quelle grande augmentation de bonheur résulta-t'il des Conquêtes d'Alexandre, soit pour les Macedoniens, soit pour les Républiques Greques, soit pour le genre humain.

Celui qui surmonte de grandes dificultés, mérite notre admiration, mais il ne mérite pas toujours notre estime & nos loüanges : nous admirons un excelent danseur de corde ; nous regardons avec étonement ces Indiens superstitieux, qui font des abstinences & des macerations corporelles, qui semblent surpasser les forces de la nature; ils font des choses extrêmement dificiles ; nous en admirons la dificulté: mais cette admiration n'est pas jointe à une grande estime de leur persone, au lieu que nous accordons l'admirationt, la grande estime, & la bienveillance à ceux qui, comme Epaminondas viénent à bout d'entreprizes, qui d'un côté sont très dificiles, & de l'autre très avantajeuzes à leur patrie.

Si j'avois un Greq à comparer à Epaminondas ce seroit Solon, qui surmonta de grandes dificultéz par ses grans talens & par sa grande constance, &

qui avec des motifs parfaitement vertueux, rendit de grans services à sa Patrie en lui faisant aprouver des loix sages & salutaires.

SIPION, CEZAR, SILLA, CATON.

Entre les Romains c'est Sipion vainqueur d'Annibal, qui nous paroît surpasser les grans hommes Romains : Cezar n'executa rien de si dificile que Sipion, il n'eut jamais d'Annibal à surmonter.

Cezar ne fit qu'augmenter la puissance de Rome, au lieu que Sipion en augmentant la puissance de la République, sauva les Romains de la servitude des Cartaginois : il afermit la liberté interieure de la République Romaine, & augmenta sa puissance de toute la puissance de la République de Cartage.

A l'égard des motifs de Cezar il ne travailloit que pour sa propre élévation & pour augmenter sa propre puissance, au lieu que Sipion, dans ses entreprizes, ne cherchoit que l'honeur de rendre de grans services à sa patrie en lui con-

pour perfectionner l'Education. 275
servant toute sa liberté au dedans, & augmentant de beaucoup son pouvoir au dehors.

Il est vrai que Cezar en travaillant pour lui dans les Conquêtes des Gaules rendit de grans services aux Romains ; mais dès qu'il se sert des forces & de l'autorité que la République lui avoit confiées pour s'en rendre lui même le Tiran, je n'arête plus mes yeux sur les services qu'il a rendus, je les arête dézormais uniquement sur sa trahizon ; il ne me paroît plus qu'un selerat celebre par ses grans talens, qui a seu cacher de très mauvaizes intentions sous l'aparence de services efectifs.

Il est si vrai qu'à tout prendre, il mérite plus d'être blâmé que loüé, que s'il avoit été tué à Farsale où il fit périr tant de Romains, & que Pompée vainqueur eut rendu au Senat son anciene autorité, & au peuple la liberté des sufrages, Ciceron, Hortensius, Caton, & les autres bons Citoyens n'eussent fait aucune dificulté de mètre Cezar en paralelle avec Catilina, avec cette diference qu'ils eussent trouvé, que si Cezar avoit rendu à la République de plus grans services que Catilina, il lui auroit cauzé aussi de beaucoup plus grands malheurs : de sorte que son nom fut venu jusqu'à nous chargé de la même execration que le nom célebre de Catilina qui ne manquoit pas de grans talens.

Cezar eut pour but de bouleverser la République, il réussit dans sa détestable entreprize; Catilina forma une semblable entreprise, & y succomba: en bone foi qui denous ozeroit conclure du succèz de Cezar, que c'est un grand home, tandis que l'autre uniquement, faute de succèz n'est qu'un selerat execrable. Or qui ne voit qu'ils ne sont efectivement tous deux que de veritables selerats, qui sacrifioient sans scrupule les plus grans interêts de l'Etat à leur interêt particulier, & que par conséquent ils sont tous deux dignes de la haine & de l'exécration publique ?

Et il ne faut pas croire que Cezar se soit rendu maître de la République seulement, de peur que Pompée ne s'en emparât le premier ; car s'il avoit eu premiérement pour motif le salut & la grande augmentation du bonheur de sa Patrie, n'auroit-il pas rentrant dans Rome victorieux de la tiranie de Pompée, n'auroit-il pas, dis-je, rendu à ses Concitoyens la liberté des sufrages pour le choix des Magistrats & des Ministres de l'Etat? n'auroit-il pas restitué la souveraine autorité à la Republique? n'auroit-il pas de concert avec Caton & avec les autres gens de bien perfetioné la métode des Elections, sur tout pour les principaux emplois? n'auroit-il pas travaillé avec eux à fermer pour toujours aux selerats futurs les voyes de la coruption qu'il avoit lui-même mizes en uzaje pour ariver aux emplois publiqs?

C'étoit là l'unique voye de se faire la plus belle & la plus grande réputation qu'un homme de bien eut pû desirer, c'étoit pour lui l'unique voye pour ariver au titre de *Grand homme* où il aspiroit, mais il n'eut pas l'esprit asséz pénétrant & asséz juste pour conoître en quoi consiste la veritable grandeur de l'homme, il n'eut pas l'ame asséz grande pour sentir que la qualité essentielle au grand homme, c'est de vizer à l'honeur & au plaizir, d'augmenter de beaucoup à ses propres dépens le bonheur de sa Patrie, il prit à gauche & suivit la route des ambitieux du commun, qui au lieu de sacrifier à la véritable grandeur qui est éternelle & perpetuelle, ne sacrifient qu'à la puissance, qui n'est qu'une grandeur passajere, exterieure & empruntée.

Je supose dans le tems de Cezar un riche comersant dans Rome, qui en s'exposant à de grands périls & en surmontant de grans obstacles, tant par son grand esprit que par son grand courage, parvient à une fortune éclatante sans faire aucune injustice à persone, nous ne le metrons ni parmi les grans hommes, ni même parmi les homes illustres de la République, mais du moins il n'y a rien qui soit blâmable dans la conduite de sa vie, il n'a rien à se reprocher, il fait en grand ce que le commun des Marchands de la République fait en petit, il fait une grande fortune, mais sans ofenser ni l'Etat ni les particuliers, au lieu que Cezar en aquerant plus de biens, plus de pouvoir que le Marchand, renverse le Gouvernement de sa Nation, & lui cauze une infinité de grans malheurs.

pour perfectionner l'Education. 279

Pour juger du prix réel de ce grand Conquerant & de ce grand Comerfant, il n'y a qu'à fonjer qu'aucun bon Citoyen n'auroit fouhaité la mort du grand Comerfant, au lieu que tous les gens de bien euffent fort fouhaité, que Cezar ce grand Capitaine n'eut jamais été ; or pouroit-on prendre pour grand homme celui que ni les hommes en general, ni fa patrie, ni les gens de bien en particulier ne fauroient regretér ? ceci paroîtra peut-être paradoxe à plufieurs lecteurs prévenus fotement dèz leur enfance en faveur de la grandeur & du mérite de Cezar, mais je parle hardiment quand je parle pour la juftice & pour le bien publiq, fi j'ataque leurs anciens préjugés il leur eft permis d'ataquer ou mes principes, ou les conféquences que j'en ai tirées.

Silla premier Tiran de la République s'empara de l'autorité Souveraine, de peur que Marius fon enemi home très danjereux ne s'en emparât lui-même, mais après avoir vêcu pendant fa dictature avec les fentimens d'un Tiran, & après avoir en home du comun exercé plufieurs anées le pouvoir tiranique, il comprit enfin qu'il ne pouvoit jamais être digne du titre de *Grand homme* ni même d'un *homme illustre*, auquel il avoit aspiré dèz sa plus tendre jeunesse, s'il ne se soumetoit aux Loix fondamentales de l'Etat; il comprit qu'il ne passeroit que pour un selerat illustre tant qu'il demeureroit seul malgré les loix en possession de toute la puissance de la République, ainsi il prit sagement le parti d'abandoner cette puissance Souveraine, & de rendre à ses Concitoyens la liberté des sufrajes; enfin pour devenir grand homme il quita sa Royauté uzurpée, il redevint simple Citoyen sans puissance, soumis aux Magistrats & protegé uniquement par les Loix.

Je ne voi parmi les Romains que le dernier Caton que l'on puisse mètre en paralelle avec Sipion, je me souviens d'un endroit où Saluste parle du caractere de Caton, en voici le Sens.

Il ne disputa jamais avec les plus ambitieux à qui arriveroit par des voyes honteuzes & injustes à la premiere place de la République: mais il disputa toujours ardemment avec les meilleurs Citoyens à qui rendroit par des voyes inocentes & vertueuzes des plus importans servises a la patrie.   Saluste

pour perfectionner l'Education. 281

Saluste par ce seul trait nous fait sentir le grand sens de Caton, qui au travers des préjugéz de presque tous les Romains, qui métoient alors la grandeur la plus précieuze à devenir plus puissans dans l'Etat, voit clairement que la puissance n'est qu'une fausse grandeur & que la veritable grandeur n'est efectivement que dans l'excelent uzaje de la puissance pour la plus grande utilité publique.

Il nous montre Caton capable de sentir, que l'honeur que procurent les grandes places, vaut incomparablement moins que l'honeur de passer pour le meilleur ou pour un des meilleurs Citoyens.

Il nous peint l'ardeur & le courage de Caton pour chercher toûjours la vertu, c'est-à-dire la plus grande utilité publique; & du même trait Saluste nous fait remarquer la bassesse, & pour ainsi dire la *vulgairété* des opinions, des sentimens & des motifs de Cezar & du grand Pompée, qui jugeant de lavraye grandeur d'un homme avec aussi peu de discernement qu'en jugeoit le peuple grossier, préféroient la puissance, c'est-à-dire la

A 2

sorte de grandeur, que donent les grans emplois à la véritable grandeur & à la grande estime, qui rézulte des grans talens & du grand zéle pour la patrie.

Il est certain, que la vertu paroit encore un peu plus mâle, plus ferme & plus respectable dans Caton, il est vrai que le zéle pour le bien publiq paroit en lui encore un peu plus ardent & plus constant que dans Sipion, mais en récompense les services efectifs que Sipion rendit à sa Patrie sont beaucoup plus importans, que tous seux que leur rendit Caton, la vertu dans Sipion paroît plus douce & plus aimable de sorte que si j'avois à les juger, mon temperament indulgent me feroit, je croi, pancher pour Sipion.

DESCARTES.

Nous regardons avec justice Descartes ce fameux Filosofe du siécle passé, non seulement comme le plus grand Fisicien, & comme le plus grand Géomêtre, qui eut paru jusques là dans le monde ; mais encore comme un *Grand Homme*, c'eſt que par une prodigieuze étenduë d'eſprit, par une juſteſſe de raizonement ſurprenante pour ſon tems, par une grande ardeur pour le travail, & par une grande conſtance pour la méditation, il a ſurmonté de très grans obſtacles pour perfectionner dans les homes leur maniere de raizoner, non ſeulement dans la Fizique, mais encore dans toutes les autres conoiſſances humaines; ce n'eſt pas de ſes découvertes dans les ſiences, dont je lui ſai plus dé gré, c'eſt d'avoir mis ſes ſucceſſeurs en état d'y en faire d'incomparablement plus utiles que les ſienes.

Pour juger de la grandeur de ſon genie, il n'y a qu'à faire atention à la multitude de conoiſſances plus exactes & plus vraiſemblables qu'il a aquizes depuis le poinct ou il a trouvé la Géometrie & la Fiſique juſqu'au poinct, où il les a laiſſées; il nous a doné plus de conoiſſances vraiſemblables ſur la Fizique en vint ans, que les ſectateurs de Platon, d'Ariſtote &c. d'Epicure n'avoient fait en deux mille ans.

Mais le poinct principal c'eſt le

grand avantage, qu'il a procuré à la raizon humaine, on ne raizonoit prèsque point avec justesse, c'est à-dire, conséquemment avant Descartes : nos conoissances n'avoient prèsque aucune liaizon entre elles, on n'y voioit prèsque rien de sistèmatique, prèsque rien qui fit corps & dont les parties fussent liées les unes aux autres pour former quelque chose de solide.

Il y a diverses espéces de vraisemblances, il y a même des degréz diferens dans la même espéce ; or avant lui nous confondions & les espéces diférentes, & les diférens degréz de vraisemblance, & cette confuzion étoit une source méprizable d'erreurs, de disputes & de mauvais raizonemens ; nous avions quantité d'agréables discoureurs, nous n'avions point de solides *Démonstrateurs* ; il n'y avoit que les Géometres, qui conussent ce que c'étoit que démontrer.

Avant lui le sens de la démonstration, le sens de la conséquence juste, ce sens, qui mêt une si grande diférence entre homme d'esprit & homme d'esprit, ce sens si précieux n'étoit prèsque point exercé, on prenoit

pour perfectionner l'Education.

pour principes des propositions très obscures, trèz équivoques, très fausses, & même nous tirions mal nos consequences de principes vrais.

Nous confondions encore la certitude, qui vient de l'habitude de juger souvent & lontems de suite de la même maniere, & de la multitude des exemples d'opinions semblables ; ainsi les préjugéz de l'enfance étoient pour nous des principes si certains, qu'ils nous paroissoient très évidens.

Nous marchions en aveugles, & nous n'avancions point sur une ligne droite dans le chemin de la verité : nous ne faizions proprement que des cercles, & nos cercles étoient même de petite étenduë.

Il y a plus, c'est que faute d'un certain sens spirituel, néceffaire pour discerner par nous mêmes la verité, nous étions réduits à nous citer les uns les autres, & à citer même des anciens de deux mille ans, nous, qui aidéz de leurs lumiéres, & des lumiéres de soixante générations, devions avoir incomparablement plus de conoissances & de lumiéres, que ces anciens, qui vivoient dans l'enfance de la raizon humaine, nous en étions venu à ce poinct d'imbecilité que pour conoître ce qu'il faloit penser fur telle matiére, nous ne difputions plus du fonds de la queftion, mais de quel fentiment étoit Ariftote ou tel autre homme fujet comme nous à l'ignorance & à l'erreur, nous avions des yeux & nous ne voyons point, il nous a apris à ouvrir les yeux, & à en faire uzage, & voilà ce que nous lui devons.

S'il ne nous a laiffé que peu ou point de veritables démonftrations dans la Fifique, c'eft que la matiére jufqu'ici n'en eft gueres fufceptible, mais il nous a enfeigné les moyens d'aprocher de plus en plus, du plus haut degré de vraifemblance, & même de la démonftration, ainfi guidéz dèzormais par fa métode, nous examinons nos idées pour les bien diftinguer entre elles, pour les ranjer & pour les lier par le raizonement, nous définiffons plus exactement nos termes pour éviter les équivoques, nous comenfons à faire uzaje de cette métode pour former des démonftrations aritmetiques dans ce qui regarde la politique, le sujet le plus important de toutes les conoissances humaines.

Il avoit pour son entreprize un motif vertueux, il ne cherchoit ni les grands revenus, ni les grands emplois, il ne souhaitoit que la gloire précieuze de rendre un très grand service à la societé en géneral en perfectionant la raizon humaine, son motif est donq trèz loüable, on voit asséz que son entreprize étoit trèz grande, & qu'il faut, qu'il ait surmonté par son grand courage, & par son grand génie de trèz grandes dificultéz pour y réussir, & il y a reussi; il a rendu aux hommes en général un service très important, ainsi lo voilà *Grand homme* sans contestation & l'un des plus *Grands Hommes* qui ayent jamais été.

Petits motifs unis aux grans talens.

On voit tous les jours des homes qui metent toute la force de leur esprit, toute leur ardeur & toute leur constance à surpasser leurs pareils dans des bagatelles très dificiles à la verité, mais dans le fonds très peu utiles à la grande augmentation du bonheur de leur Patrie, il semble, qu'ils n'ont en vûe que de disputer ou d'esprit ou de memoire ; en prouvant qu'ils peuvent dans leurs entreprizes surmonter de plus grandes dificultéz que leurs pareils & ariver par ce chemin à une plus grande distinction ; mais ils ne s'avizent pas de disputer d'utilité d'entreprizes, ce qui est cependant un vrai manque de discernement & d'étenduë d'intelligence ; car avant que d'entreprendre de disputer de pénétration d'esprit, ne vaudroit-il pas mieux disputer de discernement sur le choix de la matière où l'on veut employer cette pénétration ; ne faudroit-il pas comencer par choizir la matiére la plus importante, pour l'augmentation du bonheur des Citoyens, au lieu de choizir celles qui sont incomparablement moins utiles.

D'autres avec de grans talens ont travaillé sans relache avec des éforts continuels & incroiables, & ont surmonté éfectivement des dificultés étonantes ; mais uniquement pour fai-

une fortune éclatante, & pour être grans du moins aux yeux du vulgaire, qui ne peut mezurer la grandeur des hommes que par leur puiſſance, c'eſt-à-dire, par la grandeur des richeſſes & des places, mais comme ces hommes petits & vains ſe bornoient *petitement & baſſement* à leur interêt particulier ſans ſe ſoucier du bien publiq, comme leur motif n'étoit ni grand ni loüable ni vertueux; il n'eſt pas ſurprenant que le conoiſſeur ne les regarde pas comme de *Grans Hommes* quelques talens qu'ils ayent poſſedèz, quelques ſuccéz qu'ils ayent eu pour obtenir les plus grans revenus, & les premiéres places d'un Etat.

Les gens de bien les regardent au contraire comme des ames trèz petites, trèz baſſes, très comunes, qui n'ont eu pour motif que la grandeur de la place, & non pas l'aquiſition des grandes qualitéz, que démande la grande place, ils ont laiſſé folement la vraye gloire, que donc les grans talens & l'excelent uzaje de ces talens, pour courir après la vanité, ils ont manqué d'eſprit dans le poinct le plus essentiel de la vie, c'est-à-dire dans le choix du but, qu'ils doivent se proposer.

Les historiens exposent à nos yeux une foule de ces petits hommes, & de ces hommes du comun, qui achetoient folement des places & des dignités honorables par une conduite trèz dèshonorante, c'est-à-dire par des flateries honteuzes, par des lachetéz, par des perfidies & par de noires calomnies ; mais qui voudroit par exemple doner la moindre loüange à Sejan ou à Tigellin les Ministres les plus autorizés du plus grand empire du monde, ils ont surmonté avec beaucoup d'esprit & avec une ardeur incroyable de trèz grandes dificultéz, soit pour ariver à la place de Ministre général & de favori, soit pour s'y maintenir, je le veux, mais étoit-ce par des motifs vertueux, qu'ils les ont surmontés ? Et d'ailleurs qu'ont ils fait de grand pour l'utilité de l'empire aprèz qu'ils sont arivéz à ces premieres places ?

Nous faizons naturellement des comparaizons entre les hommes de même métier & de même profession,

pour perfectionner l'Education.

nous en trouvons qui a force d'avoir surmonté de grandes dificultés sont parvenus à exceler de beaucoup entre leurs pareils, ils sont grans dans leur profession & nous disons un grand Poëte, un grand Musicien, un grand Comedien, un grand Peintre, un grand Orateur, un grand Jurisconsulte, un grand Médecin, un grand Géometre, un grand Astronome, un grand Sculteur, un grand Architecte, parcequ'en surmontant de grandes dificultés par leur travail, & par la pénétration de leur esprit, ils se sont fort distingnéz entre leurs pareils.

Mais le titre de *Grand Homme tout court* ne convient proprement qu'aux grans génies de deux espéces *de professions illustres & importantes.*

La premiére de ces professions regarde la grande augmentation du bonheur des hommes en géneral, telle est la profession des génies speculatifs apliquéz à perfectionner considérablement celles des conoissances humaines, qui sont les plus importantes au bonheur des hommes & à démontrer un grand nombre de véritéz tréz importantes à la societé humaine, en général &

hureuzement pour le bien publiq dans la profeſſion de ces ſpeculatifs, qui cherchent des veritéz très importantes ; un grand génie avec une meditation profonde & conſtante, peut ſurpaſſer de beaucoup ſes concurrens, & devenir *Grand Homme* ſans avoir bezoin ni de naiſſance illuſtre, ni de grand pouvoir, ni de grand credit, ni de grans revenus, ni d'emplois publiqs.

L'autre profeſſion illuſtre & importante eſt des génies plus praticiens que ſpeculatifs, plus ocupéz de l'action que de la méditation, elle regarde la grande augmentation du bonheur non des hommes en géneral, mais d'une Nation en particulier, telle eſt la profeſſion & l'employ des Rois, quand ils ont comme avoit Louis le Grand aſſéz d'inclination pour la gloire, & aſſéz d'averſion pour la faineantize, pour préférer dèz leur première jeuneſſe, le travail & l'honneur de bien gouverner à la fainéantize, & à la vie mole & voluptueuze, & quand ils ont comme lui la force d'eſprit nécéſſaire pour tenir eux mêmes avec *fermeté*, & avec conſtan-

pour perfectionner l'Education. 293

ce le timon du gouvernement ; tel est encore l'emploi des Ministres, des généraux d'Armées, & des premiers Magistrats des Provinces, parceque dans ces professions ils peuvent rendre par leurs grans talens & par leur grande aplication un nombre prodigieux de services journaliers à leur Nation.

Or comme les génies speculatifs, tels que Descartes peuvent se distinguer entre leurs pareils par la grande utilité de leurs découvertes, les génies praticiens ocupez à réduire en pratique les véritez démontrées, ou par les speculatifs, ou par l'experience, peuvent de même se distinguer beaucoup entre leurs pareils par les grans avantages qu'ils procurent à leur Patrie ; les Rois entre les Rois, les Ministres entre les Ministres, les Généraux entre les Généraux, les Premiers Magistrats entre les premiers Magistrats, mais s'ils n'ont que des motifs trèz comuns dans leur conduite quelques grans que soient leurs talens & leurs succèz, ce ne sont au plus que des hommes illustres, au lieu que si leur motif eut été grand

& vertueux, ils euſſent paſſé les *Hommes illuſtres*, ils euſſent été du nombre des *Grans Hommes*.

On voit que les premiers hommes de ces deux eſpéces de profeſſions, l'une ſpeculative, qui regarde la grande augmentation de bonheur de toutes les Nations en général, l'autre pratique, qui regarde la grande augmentation de bonheur d'une nation en particulier, peuvent ſeuls être nomèz de *Grans Hommes*. Voici donq les trois conditions ſans leſquelles on ne ſauroit être *Grand Homme*.

1°. Grand motif ou grand dezir du bien publiq.

2°. Grandes dificultéz ſurmontées tant par la grande conſtance d'une ame patiente & courageuze, que par les grans talens d'un eſprit juſte, étendu & fertile en expediens.

3°. Grans avantages procurèz au publiq en général ou à ſa patrie en particulier.

En un mot il faut que le *Grand Homme* ſoit grand bienfaiteur ou des hommes en général par des métodes ou des véritéz *très importantes* bien démontrées ou grand bienfaicteur d'une Nation en particulier, soit par une conduite sâje & vertueuze durant une longue suite d'anées, soit par des reglemens & des établissemens très importans, soit par des grans avantages remportées, sur les enemis de la Nation : voilà véritablement, ce qui constitue le *Grand Homme*.

Plus le bienfait est grand, durable, étendu à un plus grand nombre de familles, & dificile à procurer, plus aussi celui qui le procure, se distingue entre les *Grans Hommes*.

HENRI IV.

De là on voit, que si Henri IV. Roi de France eut exécuté son projet si fameux & si sensé pour rendre la paix perpetuelle & universelle entre les souverains Crétiens, il auroit procuré le plus grand bienfait, qu'il soit possible; non seulement à ses sujets, mais encore à toutes les Nations Crètiénes & même par une suite nécessaire, au reste de la terre : bienfait, auquel toutes les familles vivantes & futures eussent participé durant tous les siécles avenir : bienfait, qui enfer-

me l'exemtion des maux immenſes &
innombrables, que cauſent les guerres
civiles & étrangéres : bienfait, qui
eut produit tous les biens qui ré-
zultent nécéſſairement d'une paix uni-
verſelle & inalterable: s'il eut executé, dis-je, ce merveilleux projet il
eut été ſans comparaizon le plus grand
homme qui ait été, & qui ſera jamais.

Il eſt vizible qu'un pareil bienfait
ſurpaſſe infiniment les bienfaits, dont
la Republique Romaine étoit rédeva-
dable à Sipion, parceque Scipion ne
procuroit de grans avantajes, qu'à
ſa patrie, parcequ'il ne les lui procuroit qu'aux dépens des Nations voi-
ſines, & parcequ'il ne laiſſoit point
de moyens propres pour prévenir les
guerres civiles dans ſa République,
au lieu que Henri le Grand par ſon
excelent projet eut prezervé la France
ſa patrie pour tous les ſiécles avenir,
de toutes les guerres civiles & étrangeres, & il s'en prézèrvoit ſans qu'il
en coutat rien aux autres Nations &
ſauvoit en même tems toutes les familles de toutes les autres Nations,
non ſeulement des perils mais encore

des malheurs inconcevables & efectifs de toutes les guerres possibles.

Il auroit même exécuté ce beau projeté si dèz la premiere ou la seconde année qu'il le forma il avoit conu la verité d'une proposition que j'ai demontré depuis dans les trois tomes *du projet de paix perpetuelle*, la voici : *pour rendre l'établissement de l'arbitrage Europain tréz solide, il n'est pas nécessaire, que les souverainetéz, qui doivent compozer la Republique Europaine, soient égales ou presque égales en étenduë ou en puissance comme le croioit ce Prince, mais il sufit qu'elles y entrent toutes en l'Etat qu'elles se trouvent à présent en prenant pour poinct fixe & immuable la possession actuelle, l'execution des derniers traitéz & l'aneantissement de toutes les prétentions, qui vont à diminuer cette possession actuelle ou à éluder ces derniers traitéz.*

Les Souverains auroient reçu des équivalens infiniment avantajeux pour l'abandonnement de toutes leurs prétentions réciproques & ces équivalens si avantajeux étoient les avantajes immenses qui auroient rezulté de l'impossibilité de faire la guerre avec succéz, & par conſequent de la perpétuité de la paix.

Au reſte ce Prince a toûjours eu l'honneur de la plus importante invention, de la plus utile découverte qui ait paru ſur la terre pour le bonheur du genre humain, & l'exécution de cette grande entreprize peut bien être rezervée par la providence au plus grand homme de ſa poſterité.

CHARLES QUINT.

Charles Quint par le grand nombre de guerres qu'il entreprit & des ſuccéz qu'il eut dans ſes entreprizes regna avec éclat, il ſurmonta même durant ſa vie de grandes dificultéz tant par ſon eſprit que par ſon courage, c'eſt ce qui le fait fort diſtinguer entre les Rois & entre les Empereurs, ſoit ceux qui l'ont précedé, ſoit ceux qui l'ont ſuivi.

Mais faute d'avoir toûjours eu pour but dans ſes entreprizes d'être voiſin juſte & bienfaizant, faute d'avoir été exact obſervateur de ſes promeſſes, faute d'avoir toûjours eu pour but à l'exemple de Louis XII. d'augmenter le revenu de ses sujets comme un pere est ocupé d'augmenter le revenu de ses enfans, & pour avoir au contraire fort souvent diminué leur révenu par ses grands subsides dans le dessein d'augmenter le sien propre par ses conquêtes, & pour avoir borné ses bienfaits à ses courtisans avides aux dépens de ses peuples, comme en uzent les Rois du comun, il est parvenu à la verité par les grandes dificultés qu'il a surmontées au titre de Roi illustre, de grand Roi entre les Rois ses pareils, d'Empereur illustre, de grand Empereur entre les Empereurs on peut avec justice l'apeler Charles le grand; mais de là au *Grand Homme*, c'est-à-dire au grand bienfaicteur ou des hommes en géneral ou de ses sujets en particulier, il y a encore un espace prodigieux.

Pour le malheur de ses sujets & de ses voisins il n'aprit point dans son Education, & ne conut pas dans le reste de sa vie de quelle importance il lui étoit pour parvenir au titre de *Grand Homme*, de pratiquer plus constament l'èquité envers tout le monde, & la *bienfaiZance*, envers ses sujets & fes voizins. On fent même en lizant fon hiftoire, qu'il avoit peu de zèle pour augmenter le bonheur de fes fujets, & qu'il n'eut jamais tenté de furmonter tant & de fi grandes dificultéz, s'il n'avoit eu pour objet & pour motif que l'honeur de leur procurer beaucoup de biens, & de procurer durant fon regne une parfaite tranquilité à toute l'Europe.

Grandes places, grandes qualitéz.

Ce n'eft ni la grande place, ni la grande puiffance, qui fait le *Grand Homme* ; les Empereurs, les Rois, les Miniftres peuvent être des homes très médiocres, & même des félerats & des hommes trèz méprizables avec leur grande puiffance ; témoin Neron, témoin Séjan.

La feule règle avec laquelle on doit donq mezurer les hommes, c'eft toûjours le grand dezir du bien publiq, motif vertueux de leurs entreprifes.

Les grans avantajes du publiq, fuite naturelle de leurs grandes entreprizes.

Et enfin les grans obftacles furmontés dans leurs entreprizes, preuve de leurs grans talens, de leur grand courage, & de leur grande constance pour la vertu.

Sans ces trois conditions essentiélles il peut y avoir de l'éclatant, du brillant dans leurs succéz, mais au fonds ce n'est rien de vertueux, & par conséquent rien de loüable, le peuple prend souvent les faux diamans pour vrais, mais aprochéz Epaminondas d'Alexandre, aprochéz Sipion de Cezar, aprochéz Trajan de Charles Quint, aprochéz le vrai du faux, le peuple même grossier & ignorant en sent bientôt la diférence, il est bientôt dèzabuzé, & ne sauroit plus s'y méprendre.

L'histoire nous a conservé la mémoire de Généraux, de Ministres, qui se sont fort distinguez entre leurs pareils, ils ont rendu de grans services à leur Nation en surmontant de grandes dificultés, mais ils vendoient leurs services le plus cher qu'ils pouvoient à leurs Princes, à leur Patrie; ils vouloient de grans revenus, ils vouloient de grandes dignitéz, ils cherchoient moins l'honeur que les honneurs, ce font des *Hommes Illustres*; j'en conviens, mais peut-on jamais regarder comme de grans Hommes, ceux qui n'ont jamais eu rien que de petit, de bas & de vulgaire dans leurs motifs?

Je conviens que les hommes en cherchant la plus grande utilité publique, avoient pour motif principal la gloire de faire plus que leurs pareils, soit pour le bonheur des hommes en géneral, soit pour le bonheur de leur nation en particulier: c'est que pour être grans ils ne cessoient pas d'être hommes, & il faut que l'homme comme toute créature raizonable ait une sorte de plaizir pour premier ressort de ses entreprizes: ils cherchoient donq le plaizir de la distinction dans l'augmentation du bonheur des autres, ils cherchoient la gloire, mais c'étoit la gloire la plus précieuze, c'est-à-dire la gloire la plus utile à la patrie, ils couroient avec ardeur vers cette gloire, qui produit de si grands avantajes à la sicieté & la seule digne de notre respect & de notre admiration, ainsi plus ils aimoient la bone gloire & la distinction la plus précieuze, plus ils étoient estimables & dignes de loüanges.

Il est à propos d'observer, que l'on peut être illustre en tel art, dans telle profession sans être *Homme illustre tout court*; Lully par exemple a été illustre dans la musique, mais on ne dira jamais quand on voudra parler avec justesse que c'étoit un *Homme illustre*, c'est qu'il ne travailloit que pour sa fortune, & que sa profession n'étoit pas illustre, c'est-à-dire du nombre de celles où l'on puisse rendre des services très-importans à la Patrie.

Plutarque avec son sens exquis n'auroit jamais comis la faute grossiere d'un de nos écrivains, qui a mis très imprudemment parmi les *Hommes illustres tout court*, & côte à côte de feu M. de Turenne, des Poëtes, des Peintres illustres, des Astronomes, des Jardiniers, des Graveurs illustres, qui n'étoient ni des *Grans Hommes* ni même des *Hommes illustres tout court*, ce n'étoient que des hommes, dont la profession n'étoit pas des plus utiles au bien publiq & qui la plupart n'avoient pour motif de leurs entreprizes que l'augmentation de leur fortune.

L'homme, qui n'a aucun grand talent, mais qui est juste & bienfaizant, ne laisse pas de se faire distinguer entre ses pareils par sa vertu ; les marques de bienveillance & d'estime qu'il reçoit de ceux qui le conoissent, sont pour lui une sorte de revenu de plaizirs, que done la distinction précieuze de la vertu ; or ces plaizirs sont très sensibles pour les ames vertueuzes, mais s'il n'a pas de talens distingués il ne peut jamais passer pour homme illustre.

Il y a donq une grande distance entre *Homme illustre* dans une profession non illustre & *Homme illustre tout court*, c'est-à-dire, dans une profession illustre & importante à la societé.

Il y a de même une grande distance entre *Homme illustre tout court & Grand Homme*, le Grand Homme est toûjours illustre, mais l'homme illustre n'est pas toûjours Grand Homme, & si l'on y veut faire atention les bons esprits de tous les tems & de toutes les Nations, n'ont point eu d'autres idées soit de la veritable grandeur de l'home, soit de la diférence qui est entre le *Grand Homme & l'Homme me Illuſtre*, elles ſe ſont transmiſes de ſiécle en ſiécle juſqu'à nous.

DIFERENCE

Entre Grand Homme & Grand Saint.

CE qui fait la grande diférence entre l'Homme illnſtre, & le Grand Homme, c'eſt la baſſeſſe & la *vulgaireté* des ſentimens & du motif de l'homme qui n'eſt qu'illuſtre, il n'agit point, il n'entreprend rien que pour lui ſeul, ſans ſe ſoucier du bonheur du publiq & des autres hommes qu'autant que leur interêt peut contribuer au ſien, au lieu que le Grand Homme a des ſentimens & des motifs plus élevéz, li ſe ſoucie fort du bonheur de ſes Concitoyens, & préfere ſouvent leurs interêts au ſien propre; l'homme, qui n'eſt qu'illuſtre par ſes grans talens & par ſes grans ſuccéz dans les afaires publiques, vend le plus cher qu'il peut ſes ſervices au publiq, au lieu que le Grand Homme pour toute récompenſe des grans bienfaits qu'il procure au publiq avec de grandes qualitéz,

Cc

avec de grans talens aquis avec beaucoup de peines, se contente du plaizir que lui cauze l'honeur d'être plus grand bienfaicteur publiq que ses pareils.

De même ce qui fait la grande diference entre le grand homme & le Grand Saint, c'est encore la diférence de degré d'élevation entre les motifs de l'un & les motifs de l'autre dans leurs entreprizes.

Car supofant leurs entreprizes égales en utilité pour l'augmentation du bonheur des hommes en géneral ou de leurs Concitoyens en particulier, supofant entre eux les peines égales pour y réuſſir, celui qui n'est que grand homme, ne travaille point pour plaire à Dieu, qui veut, que les hommes travaillent mutuellement les uns pour augmenter le bonheur des autres, il ne songe pas à concourir au but de l'être souverainement saje & bienfaizant, il se borne sotement au plaisir & à la gloire de la vie présente.

Au lieu que celui, qui est Grand Homme & Grand Saint se gouverne par un motif plus grand, plus élevé, il travaille pour plaire à Dieu, pour imiter cet être infiniment bienfaizant, qui aime les hommes, qui par conséquent veut que nous l'imitions le plus qu'il nous est possible du côté de cette *bienfaizance* envers les hommes, & qui promêt des délices infinis en grandeur & en durée à celui qui sera bienfaizant pour lui plaire; or il faut avoüer que le motif de l'homme saint est beaucoup plus élevé que celui du Grand Homme, il est plus conforme à la raizon la plus eclairée, qui n'est autre qu'une etincelle de la raizon suprême.

Je ne disconviens pas, que le dezir de plaire à Dieu pour obtenir le Paradis ne soit un dezir interéssé, très saje & très sensé, mais il faut avoüer aussi, que c'est un interêt trèz saint, très vertueux, trèz agréable à Dieu & trèz conforme aux ordres de la providence, c'est-à-dire de l'Auteur de la nature & de la grace, qui est si bienfaizant qu'il nous invite par les grandes récompenses de la seconde vie à l'imiter par des actions de bienfaizance dans notre prémiére vie.

Or dans le plan de cet être bienfaizant, qui a pour but de nous rendre fort hureux dèz cette premiére vie, & pour nous faire mériter une seconde vie incomparablement plus hureuze, que pouvoit-il faire de plus saje que de nous doner d'un côté, soit comme Créateur, soit comme auteur de la grace la liberté d'éviter le mal, & de faire le bien, c'est à dire le pouvoir de nous abstenir des injustices, & de pratiquer la bienfaizance, & de l'autre que pouvoit-il faire de plus eficace pour nous détourner des injustices que de nous menacer des peines terribles? que pouvoit il faire de plus fort pour nous engajer à devenir très bienfaizans que de nous faire des promesses immenses & éternelles?

La voye des menaces & des promesses, de la crainte & de l'esperance pour conduire les êtres libres est tellement marquée par l'Auteur de la nature & de la grace, que de vouloir introduire une autre voye exemte de la crainte de l'Enfer & de l'esperance du Paradis que Dieu nous montre incessament, c'est, ce me semble, s'écarter des voyes de sa sagesse éternelle, & de la providence pour courir apréz des illusions, c'est prétendre être plus sage que Dieu même, & que l'Auteur même de notre nature, & quand même il seroit plus parfait d'agir sans crainte des peines futures, & sans esperance des plaizirs futurs, mais seulement par le plaizir actuel de l'amour; il est toujours certain que quiconque ajoûtera encore au motif actuel, à ce plaizir actuel si dézinteressé un autre motif, un autre ressort très naturel, très grand ; & tel qu'est le penchant violent & continuel d'augmenter un jour ce plaizir actuel à l'infini, & de le rendre éternel ; un motif pareil augmentera de beaucoup ses forces pour les grandes entreprises, & pour surmonter les peines & les dificultéz qui se rencontrent pour procurer aux hommes de trèz grans avantajes, & ce motif ne peut être regardé que comme plus parfait & plus conforme à la prudence crétiéne.

De là il suit, que le grand homme qui a le bonheur d'être Crétien, peut très facilement devenir un grand Saint, car puisque le simple desir d'être honoré des hommes en cette vie est pour lui un motif, un ressort déja asséz puissant pour le rendre constant à surmonter les grandes dificultéz des grandes entreprizes, il les surmontera avec plus de facilité, quand à ce ressort il y en ajoûtera encore un autre, qui est le motif, le ressort de l'esperance, non seulement de plaire à Dieu comme auteur de la nature & de la grace, mais encore d'obtenir le Paradis, c'est à dire un bonheur trez grand, trez sensible & infiniment durable.

Il ne peut pour cela manquer au grand homme, que l'habitude à sonjer à la vie future, car je parle aux grans hommes d'aujourdui, qui vivent dans un siecle où notre raizon est sufizament éclairée sur les atributs de Dieu, & particulièrement sur sa justice, sur sa profonde sajesse, sur sa toute puissance, & sur sa suprême *bienfaizance* envers les homes, car cette bienfaizance divine demande nécessairement des homes, qu'ils tâchent de l'imiter, & par conséquent qu'ils soient justes & bienfaizans les uns envers les autres; or le grand homme n'est-il pas conduit naturellement sans peine, & par son interêt même à cette habitude religieuze & crétiéne, dans laquelle consiste l'éssentiel de la pratique de la

Religion la plus parfaite : le grand homme peut n'être pas grand Saint, mais le grand Saint est toujours grand homme, c'est à dire grand bienfaicteur des hommes pour plaire à l'Etre souverainement bienfaizant.

DIFERENCE

De Grandeur entre les Saints.

De là il suit, qu'il y a diférence de grandeur entre les Saints, j'apele saints, ceux, qui entre leurs pareils ont le plus d'habitude à raporter le plus grand nombre de leurs actions au dezir de plaire à Dieu comme auteur de la nature & de la grace, & d'obtenir le Paradis par la pratique de la bienfaizance envers les hommes.

Cette diférence de sainteté peut venir de la diférence d'ardeur, de constance, & de fréquence de ce desir de plaire à Dieu, mais comme il est vizible, que les qualitéz de ce dezir peuvent être égales dans le grand homme, qui avec de grans talens a executé de grandes chozes pour l'utilité publique, & qui procure aux hommes de trés grands avantages, & dans un homme qui a vêcu dans la juſtice, mais qui n'a rien fait que de commun pour l'utilité publique ; ils ſeront tous deux Saints, puiſqu'ils auront tous deux fait ce qui étoit en leur pouvoir, ſoit pour être juſte, ſoit pour imiter Dieu auteur de la nature, & de la grace dans la bienfaizance envers les hommes, mais il eſt évident que le grand homme, qui ſera Saint, ſera plus grand Saint, parce qu'il eſt beaucoup plus grand bienfaicteur des hommes, & par conſéquent plus ſemblable à l'Etre ſouverainement bienfaizant par un plus grand pouvoir, & par de plus grans talens utilement employez en bienfaits.

De là il ſuit, qu'entre deux inſtituts de Religieux où l'on ſupoſe deſir égal de plaire à Dieu ; celui, qui eſt deſtiné à ne faire que prier pour le ſoulagement des pauvres & pour l'enſeignement des ignorans, eſt un inſtitut bien moins bienfaizant, & par conſéquent bien moins Saint que celui qui eſt deſtiné, ou à ſoulager réellement les pauvres & les malades, ou à enſeigner réellement les enfans dans les Coleges, ou les ignorans dans les campagnes,

pour perfectionner l'Education. 313
pagnes, les uns ne font que dezirer la bienfaizance, & le dire dans leurs prieres, ce qui eſt peu utile, & aux pauvres, & aux malades, & aux enfans & aux autres ignorans; les autres en ſuivant la voye de la Providence ordinaire ne ſe contentent pas de dezirer que le bien ſe pratique; ils le pratiquent eux-mêmes, ils pratiquent la bienfaizance même envers ceux qui en ont le plus bezoin, ce qui met une grande diference de véritable ſainteté dans leur inſtitution.

Je dis que ces dezirs de bienfaizance qui ſont marquez dans les prieres, ſont peu utiles aux pauvres, parce que celui qui prie, ne doit pas s'atendre que ſa priere produira un miracle, c'eſt à dire un renverſement de l'ordre & des régles de la Providence ordinaire, ce qui eſt une préſomption ridicule, & même blâmable, en ce que la prudence crétiéne conſeille toujours de préferer aux voyes miraculeuzes les voyes ordinaires & communes de la providence.

Enfin il eſt vizible par l'experience journaliere, qu'une aumône d'un écu vaut beaucoup mieux pour une pauvre

Dd

famille, qu'un mois, qu'un an de dezirs & de prieres de pareils pieux fanatiques, qui ont la préfomption d'operer des miracles par la feule vertu de leurs prieres.

Les peines que foufrent les Derviches chéz les Turcs font des marques de la grandeur de leurs dezirs, mais des peines qui ne produifent aucune utilité aux autres, ne font que des effets des opinions infenfées qu'ils ont de Dieu, qu'ils font femblables aux hommes, au lieu de croire qu'il nous gouverne par des voyes & des régles fajes qu'il nous fait conoître tous les jours par notre experience.

De là il fuit, que tout le refte étant égal du côté de la charité, la grande fainteté fe mezure par les grans bienfaits réels, & par la grande utilité réelle qu'un Saint a procuré aux hommes pour plaire à Dieu, bienfaits qu'un autre Saint ne leur a pas procuréz, ni fi grans, ni en fi grand nombre avec motif égal de charité.

CONCLUZION.

Il y a des véritéz dans la Géometrie

dont tout le mérite consiste à éclaircir des dificultez, que les autres Geometres n'ont pû éclaircir, ces grandes dificultéz prouvent à la vérité, la force, l'étendue & la justesse de leur esprit: mais qu'est-ce que cette preuve importe à l'augmentation du bonheur de la société, & telles sont quantité de véritéz trez dificiles, & jusqu'ici trez inutiles, que l'on a démontrées dans quelques siences ; or ces grans génies n'eussent-ils pas été plus dignes delouanges, s'ils avoient surpassé leurs pareils par des découvertes non moins dificiles, & beaucoup plus utiles à la société ?

Les persones sensées ne sauroient voir ces grans éfforts d'esprit sans dire, *quel domage pour la patrie, que ces esprits sublimes n'ayent pas tourné ces mêmes efforts du côté des découvertes les plus utiles*, quel domage qu'ils ne se soient pas apliquez de bone heure à la sience du gouvernement dans laquelle il n'y a pas de moindres dificultéz à éclaircir, & dans laquelle la moindre découverte est vint fois, mille fois plus utile que les plus belles découvertes qu'ils ayent faites dans la partie purement curieuze des siences qu'ils ont cultivées, quel domage qu'ils n'ayent pas eu autant de sageſſe & de diſcernement que de penétration d'eſprit ; car la ſageſſe conſiſte à eſtimer les choſes, les véritéz, les découvertes à proportion qu'elles ſont importantes à l'augmentation du bonheur.

Ces diferences de prix entre homme illuſtre dans tel art, dans telle profeſſion, dans telle ſience & homme illuſtre tout court, entre homme illuſtre & grand homme, entre grand homme & grand Saint ſont des véritéz trez importantes à enſeigner, pour l'augmentation du bonheur des hommes, ſur tout ſi durant l'éducation, on a grand ſoin de la faire paſſer en habitude par divers exemples journaliers dans l'eſprit des enfans durant les neuf ou dix anées de Colege.

La raizon c'eſt que les hommes ont naturelement un dezir vif & conſtant d'être diſtinguéz entre leurs pareils ; or il eſt alors de la derniere inportance pour l'augmentation du bonheur de la ſocieté, & pour contribuer à éfectuer les vües de Dieu ſur les hommes libres, que déz leur jeune âge leurs Régens leur ayent apris à mépriſer les diſtinctions vaines, paſſajeres, frivoles, & à n'eſtimer que les ſeules diſtinctions précieuzes, ſolides, durables, que procurent les talens les plus utiles à la ſocieté, & la pratique des vertus propres à éviter l'Enfer & obtenir le Paradis.

Or comme les génies ſuperieurs ſongent dèz leur premiere jeuneſſe à devenir de grands hommes, de grans Saints, il faut de bone heure leur montrer dans toutes leurs claſſes le chemin le plus court qui y conduit. Ainſi une vérité de morale, qui multiplie dans les Etats les grans hommes, les grans bienfaicteurs de la patrie, les grans imitateurs de Dieu Souverain bienfaicteur des homes, eſt infiniment avantageuſe à la ſocieté crétiéne qui n'a pour but que l'augmentation du bonheur du genre humain, tant dans la premiere vie que dans la ſeconde, *& tel a été le but que je me ſuis propoſé en éclairciſſant ces véritéz.*

F I N.

APROBATION.

J'Ai lû parordre de Monseigneur le Garde des Sceaux un manuscrit qui a pour titre : *Projet pour perfectionner l'éducation des Colèges*, & j'y ai trouvé de très-bons principes pour élever les jeunes gens à la vertu. Fait à Paris ce septiéme Mars mil sept cens vingt-huit. *Signé* DANCHET.

PRIVILEGE DU ROI.

LOUIS par la grace de Dieu Roi de France & de Navarre : A nos amez & feaux Conseillers les Gens tenans nos Cours de Parlement, Maîtres des Requêtes ordinaires de notre Hôtel, Grand Conseil, Prevôt de Paris, Baillifs, Sénéchaux, leurs Lieutenans Civils, & autres nos Justiciers qu'il appartiendra. SALUT : Notre bien amé le sieur

nous ayant fait supplier de lui accorder nos Lettres de Permission pour l'impression d'un *Projet pour perfectionner l'Education des Colleges par le sieur de Saint Pierre*, offrant pour cet effet de le faire imprimer en bon papier & beaux caracteres, suivant la feuille imprimée & attachée pour modele sous le contre scel des presentes ; nous lui avons permis & permettons par ces presentes de faire imprimer ledit livre ci-dessus specifié, conjointement ou séparément, & autant de fois que bon lui semblera sur papier & caracteres conformes à ladite feuille imprimée & attachée sous notredit contre-scel, &

de le vendre, faire vendre & débiter par tout notre Royaume pendant le temps de trois années confecutives, à compter du jour de la date defdites prefentes ; faifons défenfes à tous Libraires-Imprimeurs, & autres perfonnes de quelque qualité & condition quelles foient d'en introduire d'impreffion étrangere dans aucun lieu de notre obéiffance ; à la charge que ces prefentes feront enregiftrées tout au long fur le Regiftre de la Communauté des Libraires & Imprimeurs de Paris dans trois mois de la date d'icelles; que l'impreffion de ce livre fera faite dans notre Royaume, & non ailleurs; & que l'impetrant fe conformera en tout aux Reglemens de la Librairie, & notamment à celui du dixiéme Avril 1725. & qu'avant que de l'expofer en vente le manufcrit ou imprimé qui aura fervi de copie à l'impreffion dudit livre fera remis dans le même état où l'approbation y aura été donnée és mains de notre très-cher & féal Chevalier Garde des Sceaux de France le fieur Chauvelin, & qu'il en fera enfuite remis deux exemplaires dans notre Bibliotheque publique, un dans celle de notre Château du Louvre, & un dans celle de notredit très-cher & feal Chevalier Garde des Sceaux de France le Sieur Chauvelin, le tout à peine de nullité des presentes; du contenu desquelles vous mandons & enjoignons de faire joüir l'exposant, ou ses ayans causes pleinement & paisiblement, sans souffrir qu'il leur soit fait aucun trouble ou empêchemens. Voulons qu'à la copie desdites presentes qui sera imprimée tout au long au commencement ou à la fin dudit livre, foi soit ajouté comme à l'original. Commandons au premier notre Huissier ou Sergent de faire pour l'execution d'icelles tous actes requis & necessaires, sans demander autre permission, & nonobstant Clameur de Haro, Charte Normande, & Lettres à ce contraires : CAR tel est notre plaisir. DONNE' à Fontainebleau le vingtiéme jour du mois de Septembre l'an de grace mil sept cent vingt-huit, & de notre Regne le quatorziéme. Par le Roi en son Conseil. *Signé,* CARPOT.

Regiſtré sur le Regiſtre VII. de la

Chambre Royale & Syndicale de la Librairie & Imprimerie de Paris, N°. 227. fol. 191. conformément au Reglement de 1723. qui fait défenses art. IV. à toutes personnes de quelque qualité qu'elles soient, autres que les Libraires & Imprimeurs de vendre, débiter, & faire afficher aucuns livres pour les vendre en leurs noms, soit qu'ils s'en disent les Auteurs ou autrement ; & à la charge de fournir les exemplaires prescrits par l'article CVIII. du même Reglement. A Paris le vingt-trois Septembre mil sept cent vingt-huit. Signé, COIGNARD Syndic.

www.ingramcontent.com/pod-product-compliance
Lightning Source LLC
Chambersburg PA
CBHW060335170426
43202CB00014B/2785